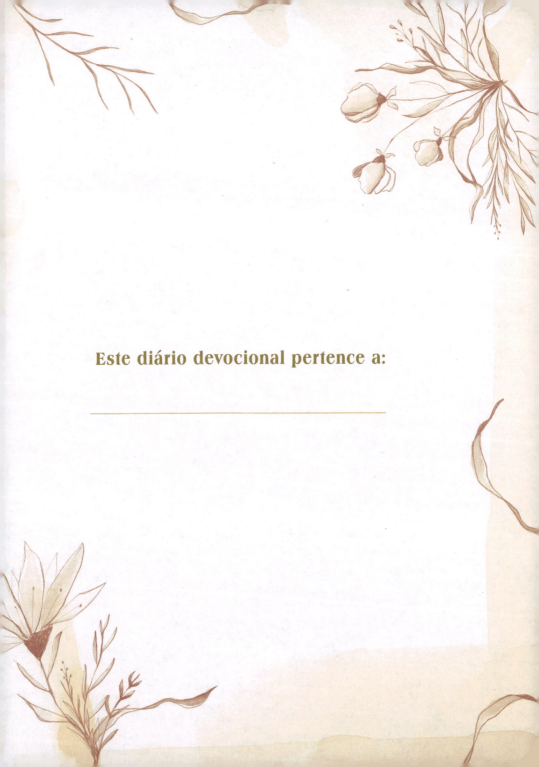

Este diário devocional pertence a:

_____

Segredos de Deus para você

Suely Bezerra

THOMAS NELSON
BRASIL

Copyright © 2019 por Suely Bezerra
Todos os direitos desta publicação são reservados por
Vida Melhor Editora, S.A.
As citações bíblicas são da Nova Versão Internacional,
a menos que seja especificada outra versão da Bíblia Sagrada.
Os pontos de vista desta obra são de responsabilidade da autora, não refletindo
necessariamente a posição da Thomas Nelson Brasil, da HarperCollins Christian Publishing
ou de sua equipe editorial.

Gerente editorial	Samuel Coto
Editores	André Lodos e Bruna Gomes
Edição de texto	Jean Xavier
Revisão	Hugo Reis
Capa e projeto gráfico	Maquinaria Studio

Dados Internacionais de Catalogação na Publicação (CIP)
Angélica Ilacqua CRB-8/7057

```
B469s
Bezerra, Suely
   Segredos de Deus para você / Suely Bezerra. -- Rio de Janeiro : Thomas
Nelson, 2019.
   240 p.

ISBN 978-85-7167-056-3

1. Literatura devocional 2. Vida cristã 3. Orações I. Título

                                             CDD 248.3
19-0967                                      CDU 248.12
```

Thomas Nelson Brasil é uma marca licenciada à Vida Melhor Editora S.A.
Todos os direitos reservados à Vida Melhor Editora S.A.
Rua da Quitanda, 86, sala 218 - Centro
Rio de Janeiro - RJ - CEP 20091-005

Tel.: (21) 3175-1030
www.thomasnelson.com.br
Printed in China

SUMÁRIO

PREFÁCIO   13

SEGREDOS SOBRE RELACIONAMENTOS   15

SEGREDOS SOBRE COMUNICAÇÃO   53

SEGREDOS SOBRE FINANÇAS   91

SEGREDOS SOBRE MORDOMIA   129

SEGREDOS SOBRE GENEROSIDADE   167

SEGREDOS SOBRE O NATAL   205

COMO USAR ESTE DEVOCIONAL

Este diário devocional foi cuidadosamente elaborado para que você possa desfrutar de seu conteúdo ao máximo e, assim, descobrir todos os segredos que Deus reservou para a sua vida. Cada um dos temas abordados – relacionamentos, comunicação, finanças, mordomia, generosidade e Natal – está separado por cores, para facilitar a visualização, e todos foram estruturados com meditações semanais, por isso o total de 53 mensagens. Dessa forma, as bênçãos de Deus sobre sua vida serão derramadas durante o ano todo!

Semana 1
SACIANDO A SEDE

"Aquele, porém, que beber da água que eu lhe der nunca mais terá sede; pelo contrário, a água que eu lhe der será nele uma fonte a jorrar para a vida eterna."

João 4:14 (ARA)

Jesus revelou essa verdade maravilhosa sobre o Espírito Santo a uma mulher sedenta que estava com seus cântaros junto ao poço. Aquela mulher havia tentado encontrar paz, amor, alegria, proteção e satisfação em homens e casamentos – já estava no sexto relacionamento e continuava sentindo que algo lhe faltava.

Não há homem ou mulher neste mundo, por mais qualidades que tenha, que preencha o vazio que há no interior do ser humano. Salomão tinha trezentas esposas e setecentas concubinas, mas acabou tão vazio quanto um homem pode ser se buscar sua satisfação somente nas coisas terrenas.

Jesus é a fonte da água da vida; aquele que dela bebe nunca voltará a ter sede. Você já saciou sua sede? Você pode dizer: "o Senhor é o meu pastor e, por isso, eu não tenho falta de mais nada"?

Não há outra forma de saciarmos a sede de nossa alma que não seja nos aproximando de Deus. Quando nos aproximamos de sua santa presença, temos consciência das nossas limitações, a revelação de quem somos.

A Palavra de Deus diz: "Chegai-vos a Deus, e ele se chegará a vós outros" (Tiago 4:8, ARA). Jesus quer nos salvar de nós mesmos e criar um relacionamento conosco. Abra o seu coração para Deus! Portanto, quanto mais tempo passarmos na presença santa do Pai, mais parecidos ficaremos com seu Filho!

Cada devocional é composto de uma série de recursos interativos que foram adicionados para aprimorar os seus estudos. Após a leitura do texto central do devocional, você poderá aprofundar o assunto com a leitura dos textos indicados no item Leitura Bíblica. Para o momento de oração, use as linhas abaixo para listar seus *Motivos para agradecer* e *Motivos de intercessão* e ore por eles nos próximos dias.

Leitura bíblica

João 4:1-30, Êxodo 20:18-22

Motivos para agradecer:

_____
_____
_____
_____
_____
_____

Motivos de intercessão:

_____
_____
_____
_____
_____
_____

Na seção *Guardando os segredos de Deus no coração*, você encontrará duas questões relacionadas ao texto da meditação que irão ajudar você a aplicar na sua vida o assunto tratado no devocional. Não deixe de separar um tempinho para respondê-las, pois fazer registros é um processo fundamental para fixar o aprendizado! E foi justamente pensando nisso que, ao final deste livro, incluímos algumas páginas extras de anotações para que você tenha mais espaço para escrever.

Guardando os segredos de Deus no coração

Você já saciou a sede da sua alma? Assim como a mulher samaritana entendeu que precisaria mudar de vida para viver em plenitude, quais as áreas da sua vida você sente que precisam de transformação?

_____
_____
_____
_____

Quais são as paixões deste mundo que impedem você de ter um relacionamento mais próximo com Cristo? O que você pode começar a fazer hoje para mudar essa situação e passar a satisfazer-se somente em Deus?

_____
_____
_____
_____

"Deus não existe apenas para tornar nossa vida melhor; nós existimos para aprender a amá-lo e a adorá-lo em espírito e em verdade."
SHEILA WALSH

Na página seguinte, o item *Para Refletir* traz uma pequena reflexão a respeito da mensagem estudada, e o item *Oração da semana* traz, a cada semana, um modelo de oração diferente para ajudar você a se abrir com Deus. Ao final de cada devocional, você poderá avaliar, de 1 a 5 corações, o quanto aquela mensagem falou com você, e, assim, estudá-la novamente em um novo momento, se assim desejar. Que Deus abençoe seu estudo e abra o seu coração para receber os segredos que Ele guardou para você!

 Para Refletir

Depender da experiência, das descobertas e da intimidade dos outros com Deus é o mesmo que usar muletas. O nosso Pai quer se relacionar intimamente com cada um dos seus filhos, portanto, permita que sua santa presença preencha o seu coração e descubra os segredos que ele reservou para a sua vida!

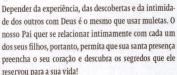 Oração da Semana

Senhor Jesus, eu reconheço que sou falha e preciso de ti. Perdoa-me por todas as vezes em que acreditei que as paixões do mundo eram maiores do que o teu amor e em que busquei alegria em fontes erradas. Só tu és a fonte da vida e a verdadeira alegria! Ensina-me a buscar-te cada dia mais e ajuda-me a desenvolver contigo um relacionamento que promova mudanças profundas em minha vida. Amém.

O quanto essa mensagem falou ao meu coração?

♡ ♡ ♡ ♡ ♡

SOBRE A AUTORA

Nascida em São Paulo, capital, Suely Bezerra é casada com o pr. Carlos Alberto de Quadros Bezerra, mãe de 6 filhos e avó de 16 netos. Pastora, se especializou nas áreas de família e aconselhamento pastoral. É fundadora do Ministério Mulheres Intercessoras, um movimento interdenominacional de repercussão no Brasil e no exterior, reunindo mulheres comprometidas em mudar a realidade de sua família, Igreja e nação através da oração diária e em rede de intercessão. A sede desse Ministério é a Casa de Oração, que também é um polo de aconselhamento e atendimento de situações críticas envolvendo as mulheres.

Juntamente com seu esposo, são os fundadores e líderes da Comunidade da Graça, uma igreja que há 40 anos é reconhecida por sua seriedade e compromisso com a Palavra de Deus.

PREFÁCIO

"Então disse Deus: Façamos o homem à nossa imagem, conforme nossa semelhança."
Gênesis 1:26a

Desde o início da Criação, Deus desejou que as pessoas soubessem que a vida nunca existirá em função de uma única pessoa, e certamente o ato de escrever este devocional não ocorreria se dependesse só de mim.

Não temos aqui apenas um autor, mas sim um projeto desenvolvido por "Mulheres Intercessoras".

A todas que cuidadosamente organizaram seus próprios devocionais diários, e com dedicação e gentileza compartilharam conosco suas experiências com Deus e com sua Palavra, quero registrar os meus sinceros agradecimentos. Saibam que a Palavra de Deus não voltará vazia, antes produzirá o seu fruto!

E a você que adquiriu este diário devocional, gostaria de dizer que tenho orado para que sua vida seja muito abençoada. Meu desejo é que você, ao estudar cuidadosamente estas meditações, descubra os infinitos segredos que o Senhor reservou para sua vida.

No amor de Cristo,
Pra. Suely Bezerra

Segredos sobre Relacionamentos

Semana 1
SACIANDO A SEDE

"Aquele, porém, que beber da água que eu lhe der nunca mais terá sede; pelo contrário, a água que eu lhe der será nele uma fonte a jorrar para a vida eterna."

João 4:14 (ARA)

Jesus revelou essa verdade maravilhosa sobre o Espírito Santo a uma mulher sedenta que estava com seus cântaros junto ao poço. Aquela mulher havia tentado encontrar paz, amor, alegria, proteção e satisfação em homens e casamentos – já estava no sexto relacionamento e continuava sentindo que algo lhe faltava.

Não há homem ou mulher neste mundo, por mais qualidades que tenha, que preencha o vazio que há no interior do ser humano. Salomão tinha trezentas esposas e setecentas concubinas, mas acabou tão vazio quanto um homem pode ser se buscar sua satisfação somente nas coisas terrenas.

Jesus é a fonte da água da vida; aquele que dela bebe nunca voltará a ter sede. Você já saciou sua sede? Você pode dizer: "o Senhor é o meu pastor e, por isso, eu não tenho falta de mais nada"?

Não há outra forma de saciarmos a sede de nossa alma que não seja nos aproximando de Deus. Quando nos aproximamos de sua santa presença, temos consciência das nossas limitações, a revelação de quem somos.

A Palavra de Deus diz: "Chegai-vos a Deus, e ele se chegará a vós outros" (Tiago 4:8, ARA). Jesus quer nos salvar de nós mesmos e criar um relacionamento conosco. Abra o seu coração para Deus! Portanto, quanto mais tempo passarmos na presença santa do Pai, mais parecidos ficaremos com seu Filho!

Leitura bíblica

João 4:1-30, Êxodo 20:18-22

✏️ Motivos para agradecer:
_____
_____
_____
_____
_____
_____
_____

✏️ Motivos de intercessão:
_____
_____
_____
_____
_____
_____
_____

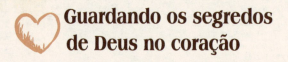
Guardando os segredos de Deus no coração

Você já saciou a sede da sua alma? Assim como a mulher samaritana entendeu que precisaria mudar de vida para viver em plenitude, quais as áreas da sua vida você sente que precisam de transformação?

Quais são as paixões deste mundo que impedem você de ter um relacionamento mais próximo com Cristo? O que você pode começar a fazer hoje para mudar essa situação e passar a satisfazer-se somente em Deus?

"Deus não existe apenas para tornar nossa vida melhor; nós existimos para aprender a amá-lo e a adorá-lo em espírito e em verdade."

SHEILA WALSH

Para Refletir

Depender da experiência, das descobertas e da intimidade dos outros com Deus é o mesmo que usar muletas. O nosso Pai quer se relacionar intimamente com cada um dos seus filhos, portanto, permita que sua santa presença preencha o seu coração e descubra os segredos que Ele reservou para a sua vida!

Oração da Semana

Senhor Jesus, eu reconheço que sou falha e preciso de ti. Perdoa-me por todas as vezes em que acreditei que as paixões do mundo eram maiores do que o teu amor e em que busquei alegria em fontes erradas. Só tu és a fonte da vida e a verdadeira alegria! Ensina-me a buscar-te cada dia mais e ajuda-me a desenvolver contigo um relacionamento que promova mudanças profundas em minha vida. Amém.

O quanto essa mensagem falou ao meu coração?

Semana 2
PREVALECENDO COM DEUS PELA FÉ

"Então o homem disse: 'Deixe-me ir, pois o dia já desponta'. Mas Jacó lhe respondeu: 'Não te deixarei ir, a não ser que me abençoes."

Gênesis 32:26

Jacó tinha uma grande batalha a vencer: seu encontro com Esaú, que o odiava por causa de suas trapaças, de seus roubos, de seu mau-caratismo e dos "mimos" da mãe. Porém, antes disso, a batalha se deu primeiro com Deus, que transformou seu espírito para que ele tivesse vitória no campo natural.

Eu sempre pensei: como alguém luta com Deus e prevalece? Como Deus, sendo infinitamente grande, se deixa vencer pela insignificância do homem?

Deus se deixou vencer pela fé e perseverança de Jacó. Pela fé, Jacó agradou a Deus. Pela fé, uma noite inteira envolveu-se em uma batalha de oração intensa e súplica fervorosa. Pela fé, apesar de todas as suas limitações, Jacó alcançou a promessa: foi transformado em Israel, um príncipe poderoso em Deus.

A fé é a única coisa que nos faz aceitos por Deus e considerados justos diante dele. A ausência de fé nos condena. A Palavra nos diz que nunca se pode agradar a Deus sem confiar nele. Qualquer um que queira ir a Deus deve crer em sua existência e crer que Ele recompensará aqueles que sinceramente o procuram (Hebreus 11:6).

Será que as áreas da sua vida nas quais você tem encontrado maior dificuldade não são justamente aquelas em que você não tem convidado Cristo para entrar e compartilhar abertamente tudo com Ele? Convide-o para entrar e sentar-se à mesa com você. Abra todas as portas do seu coração para esse relacionamento tão importante.

Leitura bíblica

Gênesis 32:3-11,22-31

✏️ Motivos para agradecer:

_____
_____
_____
_____
_____
_____
_____
_____

✏️ Motivos de intercessão:

_____
_____
_____
_____
_____
_____
_____
_____
_____

Guardando os segredos de Deus no coração

Como você tem reagido às áreas da sua vida que necessitam de uma transformação? Tem se agarrado a Deus pela fé até que Ele a abençoe ou está com as portas do coração fechadas para as mudanças que Ele deseja realizar em você?

✎ _____
_____
_____
_____
_____

Quais aspectos da sua personalidade precisam da ação profunda do Espírito Santo?

✎ _____
_____
_____
_____
_____

"Se o Todo-poderoso Deus está lutando com você, é melhor perguntar a Ele o porquê."
DEE BRESTIN

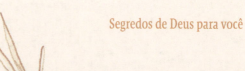

Para Refletir

A luta que Jacó enfrentou era de vida ou morte, e nós também passamos por ela. Deus nocauteia nossa vida, nossa alma e nossa natureza carnal, mas Ele faz isso porque nos ama. Algumas mudanças precisam primeiro ser processadas na nossa vida antes de Deus mudar as situações difíceis ao nosso redor.

Oração da Semana

Senhor Jesus, eu te convido hoje para sondar o meu coração e realizar em mim todas as mudanças que julgares necessárias. Desejo, com sinceridade, receber a tua bênção e viver de modo que te agrade. Ajuda-me em minhas dificuldades e fortalece a minha fé, para que eu não venha a me abalar diante das adversidades. Em teu nome é que eu oro e agradeço. Amém.

O quanto essa mensagem falou ao meu coração?

Semana 3
ONIPRESENÇA

"Se eu subir aos céus, lá estás; se eu fizer minha cama na sepultura, também lá estás."
Salmos 139:8

Os judeus tinham uma falsa concepção de um Deus confinado a um templo ou a uma cidade, Jerusalém, mas a grande mensagem do Antigo Testamento, que Deus desde o início veio revelar, é a sua onipresença: Ele nunca habitará em templos feitos por mãos humanas!

O salmista, tomado por essa consciência, diz: "Para onde me ausentarei do teu Espírito? Para onde fugirei da tua face?" (Salmo 139:7, ARA). O apóstolo Paulo, que antes perseguia os cristãos como a pecadores e era cheio de justiça própria, diz: "Pois nele vivemos, e nos movemos, e existimos, [...] porque dele também somos geração" (Atos 17:28, ARA)

Somos como uma criança no ventre de sua mãe: totalmente dependentes. Quando entendemos dessa forma, a vida se torna mais simples e o medo desaparece, porque o que nos livra do medo é a consciência da presença de Deus. Não é por acaso que encontramos por toda a Bíblia a seguinte frase: "Não temas, porque eu estou contigo".

Descanse na certeza de que Deus sempre está com você.

Leitura bíblica

Salmo 139

✏️ **Motivos para agradecer:**
_____
_____
_____
_____
_____
_____
_____
_____

✏️ **Motivos de intercessão:**
_____
_____
_____
_____
_____
_____
_____
_____

Guardando os segredos de Deus no coração

Você tem vivido na certeza de que Deus a cerca por trás, por diante e põe sua mão sobre você, ou o fato de ser dependente dele a deixa insegura? Por quê?

Na caminhada do dia a dia, podemos perceber Cristo falando conosco de muitas formas: através do irmão, do pastor, de sua Palavra. De quais maneiras Ele fala com você?

> "Deus não está distante, não importa quão silenciosa seja a noite escura. Ele sempre será esperança para o coração que o busca, em qualquer momento e situação."
> **MAX LUCADO**

Para Refletir

Deus é onipresente, mas muitas vezes não percebemos que Ele está por trás de cada mínima bênção: do milagre da vida, da comunhão com os irmãos e familiares. Não vemos que Ele está discursando seu amor, bondade, poder e fidelidade através da natureza que criou pensando em nós. Aquele que sustenta os astros no universo também sustenta você!

Oração da Semana

Senhor Deus, nada está oculto de ti! És onisciente, onipresente e onipotente, e do teu trono de glória ouves a minha oração e te importas comigo. Obrigada por renovar tuas misericórdias sobre mim a cada manhã! Nunca me deixes esquecer que sou totalmente dependente de ti, e que eu aprenda a descansar na certeza de que tu supres, e sempre suprirás, todas as minhas necessidades. Em nome de Jesus, amém.

O quanto essa mensagem falou ao meu coração?

♡ ♡ ♡ ♡

Semana 4
SETENTA VEZES SETE

"Então, Pedro, aproximando-se, lhe perguntou: Senhor, até quantas vezes meu irmão pecará contra mim, que eu lhe perdoe? Até sete vezes? Respondeu-lhe Jesus: Não te digo que até sete vezes, mas até setenta vezes sete."

Mateus 18:21-22 (ARA)

Todas as famílias têm problemas, ainda que pequenos, e quem diz que não tem nenhum não está sendo verdadeiro.

O primeiro passo para a restauração de uma família é o perdão. Aprendi com o meu amado pastor Carlos Alberto que existem algumas palavrinhas mágicas que restauram qualquer relacionamento: "eu errei", "me perdoe", "eu te amo". No entanto, o que mais vemos hoje são casamentos sendo desfeitos porque os cônjuges são incapazes de "dar o braço a torcer". Famílias sendo destruídas porque os pais não reconhecem que são passíveis de erros; e, por falta de exemplo, os filhos não conseguem pedir perdão. E assim são construídas verdadeiras fortalezas que destroem qualquer relação.

O perdão precisa ser exercitado! Mas, antes disso, é preciso entender o que ele significa. Perdoar não é rebaixar-se, humilhar-se, mas sim restaurar relacionamentos quebrados. É dizer ao outro que, mesmo que se lembre da mágoa, você decidiu excluir a necessidade de puni-lo pelo que fez. Nós também somos falhos e erramos, e, quando admitimos isso, colocamos fim a qualquer tipo de conflito.

Que o Senhor nos livre e nos dê a cada dia um coração humilde e quebrantado, capaz de reconhecer, expressar nossos próprios erros e de perdoar os erros do próximo, e que nos levantemos como pessoas sábias que lutam pela paz e harmonia em seus lares!

Leitura bíblica

Mateus 6:9-14, Tiago 5:16, Salmo 51

✏️ **Motivos para agradecer:**
_____
_____
_____
_____
_____
_____
_____

✏️ **Motivos de intercessão:**
_____
_____
_____
_____
_____
_____
_____
_____

Guardando os segredos de Deus no coração

Você tem sido humilde o suficiente para reconhecer os seus próprios erros e tem estado disposta a pedir perdão? Comente a seguir uma situação que tenha trazido conflitos ao seu relacionamento com amigos ou familiares e peça a Deus que ajude você a restaurá-lo.

_____
_____
_____
_____

Você tem perdoado as pessoas com facilidade? Comente abaixo uma situação que você tenha dificuldade de perdoar e peça a Deus que ajude você a mudar.

_____
_____
_____
_____

> "Sempre que tivermos dificuldade em expandir a graça e o perdão, podemos nos voltar à nossa nova necessidade de encontrar graça e descobrir que há o suficiente lá para o que precisarmos."
>
> NICOLE JOHNSON

Para Refletir

Se alguma vez você teve dificuldade em perdoar, apenas se lembre do que Cristo fez por você, apesar de não merecer.

Oração da Semana

Senhor Jesus, ensina-me a perdoar ao meu próximo assim como o Senhor perdoaste os meus pecados. Que eu possa estender aos outros a mesma graça que me alcançou, e, através do perdão, possa liberar amor e restaurar relacionamentos quebrados. Ensina-me também a ser humilde de coração para reconhecer as minhas falhas e pedir perdão a quem eu tenha magoado, pois desejo te agradar com as minhas atitudes. Que eu possa viver segundo o teu querer, perdoando ao meu próximo, confessando minhas faltas e sustentando os outros em oração. Em teu nome, amém.

O quanto essa mensagem falou ao meu coração?

Semana 5
ENFRENTANDO AS TEMPESTADES

"Deus é o nosso refúgio e a nossa fortaleza, auxílio sempre presente na adversidade."
Salmo 46:1

Uma vez, li uma pesquisa que dizia que 60% dos casamentos não sobrevivem às dificuldades. Por que isso acontece? Qual é a chave para lidar com as dificuldades que surgem em nossa vida? Eu creio que não são as coisas negativas que nos prejudicam, mas sim o modo como reagimos a elas.

Podemos escolher o tipo de atitude que vamos ter hoje. A Bíblia nos orienta a nos vestir destas virtudes: misericórdia, bondade, mansidão e longanimidade. A escolha é nossa.

Para enfrentar as dificuldades, precisamos, antes de tudo, entender que elas são permitidas por Deus e visam ao nosso crescimento. Para que as famílias sejam treinadas nos planos e princípios de Deus, passamos por lutas e dificuldades no casamento, com os filhos, as finanças ou a saúde, pois nos momentos difíceis aprendemos a confiar em Deus e descansar em sua provisão. Precisamos ter olhos para ver a mão de Deus nas lutas e circunstâncias da vida e crer que em Cristo somos mais que vencedores.

Contudo, apesar dos problemas, a maior dificuldade é, na verdade, separar um momento para buscarmos a face do Senhor em família, junto com o nosso cônjuge e com nossos filhos. Precisamos buscar no Senhor a força em meio às lutas e dar graças em meio às dificuldades, pois o tipo de ambiente que queremos ter dentro de casa depende de nós. Quando louvamos a Deus por tudo, e em família, estamos dizendo que acreditamos nele e que sabemos que tudo está sob o seu controle.

Leitura bíblica

1Tessalonicenses 5:18, Salmo 42, Hebreus 13:1-5, Colossenses 3:1-12

🖊 **Motivos para agradecer:**
_____
_____
_____
_____
_____
_____
_____

🖊 **Motivos de intercessão:**
_____
_____
_____
_____
_____
_____
_____

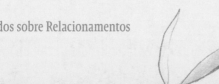

Guardando os segredos de Deus no coração

Qual tem sido a sua reação diante das dificuldades? Lembre-se da última grande provação que enfrentou. Você louvou a Deus em meio ao problema ou vestiu-se de amargura e lamentação?

_____
_____
_____
_____
_____

Qual a atitude do seu coração diante do treinamento de Deus para a sua família? Com quais das virtudes de Deus você se revestirá nesta semana?

_____
_____
_____
_____

> "Deus não quer que tenhamos um conhecimento teórico sobre a verdade. Ele quer que experimentemos seu poder operando em nosso coração."
>
> **SARA TROLLINGER**

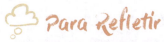 Para Refletir

Deus realmente deseja fazer parte de todos os momentos da nossa vida, sejam eles bons ou ruins. Ele não quer que os nossos encontros com ele se limitem apenas ao momento do culto. Ele quer ter conosco uma comunhão íntima e diária.

Oração da Semana

Senhor Deus, dá-me forças para não esmorecer diante dos problemas! Que o meu casamento seja maior que as dificuldades, pois o que o Senhor uniu nada separa. Que possamos nos lembrar, em todo o tempo, de que a nossa vida está em tuas mãos e nada foge da tua soberana vontade. Ensina-me a descansar nessa verdade, Pai, e que a cada dia eu possa me revestir das tuas virtudes e fazer escolhas que agradem a ti. Em teu nome, amém.

O quanto essa mensagem falou ao meu coração?

Semana 6
O MAIOR DE TODOS OS INVESTIMENTOS

"Aquele que teme o Senhor possui uma fortaleza segura, refúgio para os seus filhos."
Provérbios 14:26

Abraão é um grande exemplo para mim. Amigo de Deus, andou diariamente em sua presença, e, mesmo depois de morto, sua intimidade com Deus continuou a dar frutos. Ele deixou um legado.

O bem mais precioso que deixamos para os nossos filhos, mais valioso que a herança material, é o relacionamento que temos com Deus. Abraão foi obediente a Deus e ensinou o mesmo a seu filho. A submissão de Isaque ao Pai na difícil jornada ao monte Moriá, onde ele seria o cordeiro do sacrifício – prefigurando Jesus –, foi um exemplo de obediência para todos nós.

Quando ele cresceu e passou pelo pior momento de sua vida, pôde enfrentar o deserto da crise porque, ao olhar para o passado, via o exemplo de seu pai, e, ao olhar para o céu, via a fidelidade de Deus. Ele não se desesperou com a fome que assolava a terra, mas buscou a presença de Deus, a orientação divina, agiu sobre ela, não desceu ao Egito e triunfou quando todos fracassaram. Os céus foram generosos com ele por causa da obediência e fidelidade de seu pai, conforme nos relata Gênesis 26:24.

Andar com Deus é o maior investimento que podemos fazer na vida. Andar sob a direção do céu é caminhar seguro, pois o segredo de toda vitória é peregrinar na terra da obediência. Deus fez promessas extraordinárias e as finalizou com a frase "por amor ao meu servo Abraão". Todos nós que temos a mesma fé de Abraão somos alcançados pela bênção que Deus lhe prometeu. Você crê que o amor que tem evidenciado a Deus levará seus filhos a ouvir a mesma coisa?

Leitura bíblica

Gênesis 26:1-5, Provérbios 14:26

 Motivos para agradecer:
_____
_____
_____
_____
_____
_____
_____
_____

 Motivos de intercessão:
_____
_____
_____
_____
_____
_____
_____
_____

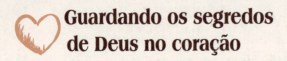
Guardando os segredos de Deus no coração

Você tem se mantido obediente à voz de Deus, mesmo quando a orientação parece uma loucura diante da situação? Relate um momento da sua vida no qual foi difícil entender a resposta que Deus estava dando para as suas orações.

O que você faz quando sente que tudo parece estar dando errado na sua vida?

> "Tudo o que Deus faz na Terra se inicia com a obediência de seus filhos. Você pode construir uma arca, mas só Deus pode fazer chover."
>
> **RON MEHL**

Para Refletir

Isaque tornou-se o maior agricultor do Oriente Médio na Antiguidade, pois teve a ousadia de plantar no deserto árido da vida. Estar no centro da vontade de Deus, como ele esteve, nos leva a triunfar nos momentos de incerteza. Que possamos anular nosso querer, não nos pautar em nosso entendimento e seguir a orientação do Pai celestial para, assim, provarmos da sua provisão sobrenatural: o Cordeiro substitutivo no arbusto.

Oração da Semana

Senhor Jesus, ensina-me a confiar! Que eu possa viver em obediência a ti, descansando na sua provisão e tendo a certeza de que tu tens o melhor para a minha vida. Ensina-me também a transmitir essa verdade para os meus filhos e deixar para eles um legado que gere frutos. Que através de mim eles possam crescer na certeza de que a vida deles está em tuas preciosas mãos. Amém.

O quanto essa mensagem falou ao meu coração?

Semana 7
BEM ACOMPANHADO

"Como é bom e agradável quando os irmãos convivem em união!"
Salmo 133:1

Quando o profeta Elias passou por um esgotamento físico, mental e espiritual, isolou-se em uma caverna. Ali ele correu o risco de morrer lentamente, pois não poderia conversar, compartilhar alegrias e tristezas, expor seus sentimentos, arriscar-se ao lado de um amigo, mesmo não sendo por ele compreendido.

Na caverna, Elias não poderia compartilhar seus planos para o futuro, não teria mais discípulos nem contato com pessoas que se interessassem por sua fé. É bem possível até que ele caísse no esquecimento.

Mas Elias saiu da caverna. Crendo que para continuar vivo era preciso uma disposição bem maior do que a que estava tendo, ele se dispôs a prosseguir em meio ao povo de Deus e não se permitiu mais sentir-se solitário.

Elias saiu da caverna, e qual não foi sua surpresa quando, ao ir para o lugar aonde Deus o conduzira, encontrou Eliseu, que se tornou um amigo tão especial que desejou para ele uma porção dobrada da que Deus havia lhe dado.

Talvez hoje você esteja como Elias na caverna: sem perspectivas e desmotivada pelas circunstâncias da vida. Porém, ainda nos dias de hoje, existe um povo forte e ativo, que não se dobrou e que é capaz de ser seu amigo: o povo de Deus. O Senhor quer que você se levante, saia da caverna e vá ao encontro daqueles que não se envolveram com outro objetivo que não seja estar no Caminho da Vida. Procure conversar com alguém que faça parte desse povo e descubra como é agradável viverem unidos os irmãos!

Leitura bíblica

Jeremias 17:7, 1Reis 19:1-21, Efésios 1:15, Salmo 133

 Motivos para agradecer:
_____
_____
_____
_____
_____
_____
_____
_____

 Motivos de intercessão:
_____
_____
_____
_____
_____
_____
_____
_____

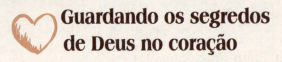

Guardando os segredos de Deus no coração

Quando passa por situações estressantes, você tem a "síndrome da caverna", como Elias? Como você reage diante das dificuldades da vida?

_____
_____
_____
_____
_____

Quem é o seu melhor amigo? Quando se sente sozinha, quem você procura para conversar e como essa pessoa ajuda você?

_____
_____
_____
_____
_____

> "Deus projetou a igreja para ser também uma comunidade de amor e cuidado. Quando deixamos de abençoar e amar nossos irmãos em Cristo, falhamos em nossos deveres como família de Deus."
> **GARY SMALLEY E JOHN TRENT**

Para Refletir

Mais do que os homens, Jesus é o nosso maior e melhor amigo. Ele conhece nosso coração e nossa carência de companhia. Quando estamos isolados na caverna e achamos que perdemos as pegadas do Senhor na estrada da vida, é porque Ele já está nos carregando no colo e nos libertando de nossa solidão.

Oração da Semana

Querido Deus, hoje quero te agradecer pelas amizades que colocaste na minha vida. Obrigada por mostrar teu amor mim através de pessoas tão especiais, que me inspiram e me motivam a seguir firme em teus caminhos. Dá a mim também essa mesma sensibilidade, para que eu possa ser bênção na vida dos meus amigos e ajudá-los a sair da caverna quando a vida parecer difícil e der vontade de desistir. Em teu nome que eu oro, amém.

O quanto essa mensagem falou ao meu coração?

Semana 8
FELIZES OS QUE ANDAM NO CONSELHO DO JUSTO

"...a alegria está no meio dos que promovem a paz."
Provérbios 12:20

Aprendi ao longo destes anos de vida cristã que, para encontrar respostas durante as lutas e dificuldades, o melhor é abrir o coração para aqueles que amamos e que reconhecidamente são homens e mulheres fiéis a Deus.

Ser um amigo verdadeiro exige esforço e persistência, requer sair do padrão estabelecido: ceder a vez, os privilégios, o tempo, o espaço. Por experiência própria, pude perceber a importância de ter amigos fiéis, que realmente se importam conosco.

Mas há um grande perigo quando acatamos o conselho daqueles que não levam Deus a sério. Veja o que dizem as Escrituras: "Bem-aventurado o homem que não anda no conselho dos ímpios" (Salmo 1:1, ARA).

Quando Moisés se expôs totalmente na presença de Deus, confessando sua dificuldade para se expressar verbalmente, Deus lhe disse: "Arão será a tua boca". Porém, diante de Faraó, ele foi ousado e determinado, confiando totalmente no poder de Deus.

Precisamos entender que, por sermos filhos da luz, devemos saber nos expressar com confiança diante daqueles que não conhecem o Senhor. Eles esperam que tenhamos respostas para as suas dificuldades, por isso precisam reconhecer que dependemos do Senhor e que pertencemos à família de Deus na terra.

Talvez você esteja enfrentando suas próprias lutas, mas elas poderão facilitar a compreensão do Evangelho para alguém próximo de você. Portanto, ore e fique atenta, pois Deus nunca se engana no que faz.

Leitura bíblica

Salmo 1, Provérbios 18:24

🖉 **Motivos para agradecer:**
_____
_____
_____
_____
_____
_____
_____
_____

🖉 **Motivos de intercessão:**
_____
_____
_____
_____
_____
_____
_____
_____

Guardando os segredos de Deus no coração

Será que você está precisando abrir mão dos seus direitos para beneficiar um amigo ou uma amiga? Como você pode fazer parte da história da salvação de alguém?

Relate uma situação na qual um momento de luta pessoal trouxe encorajamento para alguém que não conhecia a Deus. Como você se sentiu ao ver Deus usando você para abençoar a vida dessa pessoa?

> "Um verdadeiro amigo ama em todos os momentos – não apenas por uma temporada. Amigos de ouro são um dos maiores presentes de Deus."
> **KAREN KINGSBURY**

 Para Refletir

A verdadeira amizade é aquela em que as barreiras e os problemas não são maiores do que o compromisso de estar junto. Você quer ser uma amizade que prevaleça? Ore agora em nome de Jesus: "Senhor, eis-me aqui! Conta comigo! Quero ser uma amiga de verdade!"

Oração da Semana

Querido Deus, louvo a ti pela amizade! Obrigada pela oportunidade que nos dás de sustentarmo-nos uns aos outros em amor e, através da tua Palavra e do nosso testemunho, podermos levar esperança e encorajamento àqueles que ainda não te conhecem. Que o Senhor nos permita, a cada dia, estreitarmos laços de amizade que sejam bênção e nos levem para mais perto de ti, e que essa união seja sempre para honra e glória do teu nome. Amém.

O quanto essa mensagem falou ao meu coração?

Semana 9
UM AMIGO DE VERDADE VÊ COM OS OLHOS DA FÉ

> *"O homem vê a aparência, mas o Senhor vê o coração."*
> **1Samuel 16:7b**

Quando foi para Damasco a fim de levar alguns fiéis presos, Paulo teve um encontro com Cristo. Contudo, apesar da sua conversão, os rótulos que aos olhos do Autor da Vida já haviam desaparecido estavam fixos na visão e nas lembranças dos homens.

Havia certo medo em relação ao antigo Saulo. Será que ele realmente estava transformado? Será que aquele que rejeitava os cristãos conseguiria falar do amor de Cristo?

Foi então que Deus enviou a Paulo o primeiro amigo, Ananias, que orou por ele e o curou de sua cegueira, levando-o a ver e a pregar o Evangelho.

Ao chegar a Jerusalém, procurou unir-se aos discípulos, mas estes o temiam, não acreditando que ele também era um deles. Então, surge outro amigo, Barnabé, que, tomando-o consigo, levou-o aos apóstolos e testemunhou a seu favor. Barnabé investiu seu tempo em Saulo, despojando-se dos paradigmas e da opinião alheia. Pela fé, ele conduziu aquele recém-convertido ao trabalho missionário. Saulo tornou-se flecha nas mãos do valente Barnabé, alcançando o alvo que Deus queria, bem mais alto do que o estabelecido pelos homens.

Assim como o apóstolo Paulo iniciou seu espetacular ministério na pregação do Evangelho através de amigos que olharam para ele com os olhos da fé e o ajudaram nos primeiros passos da vida cristã, muitos que chegam ao nosso meio também precisam de oportunidades. Isso pode ocorrer através de você, que pode ser um Ananias, intercedendo junto ao Pai, ou um Barnabé, intercedendo junto aos homens. Sê tu uma bênção!

Leitura bíblica

Atos 9

 Motivos para agradecer:
_____
_____
_____
_____
_____
_____
_____
_____

 Motivos de intercessão:
_____
_____
_____
_____
_____
_____
_____
_____

Guardando os segredos de Deus no coração

Há algum recém-convertido entre seus amigos ou na sua igreja? De que forma você pode ajudá-lo a firmar-se na fé e se tornar uma flecha que levará o amor de Deus para longe?

Quais foram as pessoas que ajudaram você no início da caminhada cristã? De que forma elas removeram os rótulos que havia em sua antiga vida e lhe proporcionaram oportunidades para contar seus testemunhos e participar de grupos de comunhão?

"Deus dá ao mundo o direito de julgar se quer ou não conhecê-lo plenamente pelo amor que temos uns pelos outros. Será que nos amamos da forma corajosa com que Jesus nos ama?"

PAULA RINEHART

Para Refletir

Ao longo de sua jornada, Deus deu a Paulo outro amigo, Silas, com quem viajou para levar o amor de Deus para povos distantes. Eles foram açoitados e presos no cárcere, mas louvaram a Deus na aflição para sustentarem um ao outro em meio ao sofrimento. Quem conhece a Deus ama incondicionalmente o próximo, independente do seu passado, e permite que Cristo ame através de si mesmo.

Oração da Semana

Senhor Jesus, ajuda-me a ser bênção na vida dos recém--convertidos! Assim como eles, eu também precisei de amigos leais que me ajudassem na caminhada cristã, e agora, já firme na fé, quero também ser esse auxílio para os que precisam. Ensina-me a amar o meu próximo sem reservas, assim como tu me amas. Em nome de Jesus, amém.

O quanto essa mensagem falou ao meu coração?

♡ ♡ ♡ ♡

Segredos sobre Comunicação

Semana 10
ORAÇÃO, UM DIÁLOGO COM DEUS

"...estou orando aqui até agora por causa de minha grande angústia e tristeza."
1Samuel 1:16

Orar significa falar com Deus, e isso pode ocorrer em diversas situações. Falamos com Deus para agradecer-lhe (algo, aliás, que lhe agrada muito), para adorá-lo, reconhecer sua grandeza e também para comunicar a Ele as nossas necessidades.

Quando falamos com Deus, devemos fazê-lo com fé, lembrando-nos de que "Sem fé é impossível agradar a Deus, pois quem dele se aproxima precisa crer que ele existe e que recompensa aqueles que o buscam" (Hebreus 11:6). E Deus é justo e fiel em tudo o que faz, e tem prazer em ajudar os que estão em dificuldades, levantar os abatidos, e sempre estará perto dos sinceros e obedientes.

Ana é um grande exemplo de persistência e fé no Senhor. Ela vivia uma situação que, aos olhos humanos, era impossível de resolver: era estéril. Não havia recursos humanos que pudessem mudar sua situação, mas havia o Todo-poderoso. Quando Ana ora, ela não apenas fala com Deus, mas também o faz com sinceridade e de todo o coração; sua alma estava amargurada, e ela chorou diante do Senhor. Ao falar com Deus e apresentar seu problema insolúvel, recorrendo a Deus como seu único recurso, vemos sua oração sendo atendida, pois "Deus se lembrou de Ana" e concedeu a ela não apenas um filho, mas também um profeta, juiz e uma das figuras mais importantes que Israel já conheceu. Isso nos mostra que, quando comunicamos nossa necessidade a Deus, Ele não apenas concede o que pedimos segundo sua vontade, mas também nos surpreende dando muito mais do que imaginamos.

📖 *Leitura bíblica*

Salmo 145

✏️ Motivos para agradecer:
_____
_____
_____
_____
_____
_____
_____

✏️ Motivos de intercessão:
_____
_____
_____
_____
_____
_____
_____
_____

Guardando os segredos de Deus no coração

Com que frequência você tem orado ao Senhor? Deus tem sido seu único e melhor recurso ou você recorre a Ele apenas quando todas as opções se acabam?

_____
_____
_____
_____
_____

Quais experiências você já vivenciou por meio da oração?

_____
_____
_____
_____
_____

"Deus ouviu a oração de Ana e lhe deu Samuel. Ele ouvirá suas orações também e lhe dará uma alegria real."

LORI COPELAND

 Para Refletir

Se quiser viver grandes experiências com o Senhor, não recorra a Ele somente nos momentos de angústia. Antes, tenha um relacionamento diário e contínuo com ele, pois, quanto mais você se aproxima dele, mais amigo dele se torna. Então, traga Deus para seu convívio diário, fale com Ele todo o tempo e tenha nele o seu melhor amigo, pois Ele nunca falha e jamais a desampara.

Oração da Semana

Senhor Deus, reconheço tua soberania e teu poder. Ajuda-me a confiar em ti e a buscar-te em oração, para colocar aos teus pés todos os meus medos e anseios para, assim, viver os teus milagres. Ajuda me a ter a perseverança de Ana e a me derramar inteiramente em tua presença para viver o impossível e ser testemunho vivo de teu cuidado. Amém.

O quanto essa mensagem falou ao meu coração?

Semana 11
A INTIMIDADE TRAZ A GLÓRIA DE DEUS

"Meus ouvidos já tinham ouvido a teu respeito, mas agora os meus olhos te viram."
Jó 42:5

Você já deve ter ouvido alguém dizer que "tem Deus no coração" ou "que conhece a Deus". Esse "conhecer" significa "ouvi falar dele", mas não é esse tipo de intimidade que Deus deseja para nós: um relacionamento íntimo e profundo.

Quando fazemos uma nova amizade, passamos a conhecer mais esse amigo com o passar do tempo e percebemos detalhes antes não vistos, pois a intimidade traz conhecimento. Com Deus não é diferente.

Pensemos em Moisés: seu primeiro encontro com Deus foi no deserto, quando o Senhor se manifestou na sarça ardente. Naquele momento, Moisés ficou um pouco assustado, pois não conhecia muito bem aquele que falava. Com o tempo, a convivência de Moisés com Deus gerou intimidade. Vemos, posteriormente, ele subindo ao monte, separando-se para estar a sós com o Senhor.

Quanto maior era a intimidade de Moisés com Deus, mais ele presenciava a glória do Senhor. Enquanto isso, o povo de Israel ficou lá embaixo, distante. Eles conheceram e vislumbraram à distância os milagres e feitos impressionantes de Deus, mas não viram sua glória revelada. Eles não quiseram buscar a santificação, sem a qual "ninguém verá o Senhor".

Assim como convidou Moisés, Deus está nos chamando para a sua montanha para o conhecermos intimamente. O passaporte para esse relacionamento é a santidade (separação), que só nasce de um coração temente a Deus. Não seja como o povo de Israel, que contempla os milagres a distância; seja como Moisés, cuja vida foi marcada pela intimidade e pela glória de Deus.

58   Segredos de Deus para você

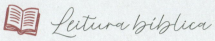 Leitura bíblica

Êxodo 20:18-21

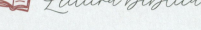 **Motivos para agradecer:**
_____
_____
_____
_____
_____
_____
_____
_____
_____

 Motivos de intercessão:
_____
_____
_____
_____
_____
_____
_____
_____
_____

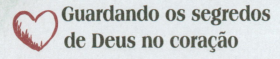

Guardando os segredos de Deus no coração

Buscar a Deus em oração sem dúvida é o melhor caminho para contemplar a glória dele. Em sua opinião, o que faz com que as pessoas não sintam vontade de "subir a montanha" para falar com Deus?

_____
_____
_____
_____
_____

Que conselho você daria para um recém-convertido que deseja buscar intimidade com Deus e qual experiência você poderia compartilhar com ele para motivá-lo a buscar a Deus?

_____
_____
_____
_____
_____

"Jesus tem a água de que precisamos quando estamos com sede."
MARILYN MEBERG

Para Refletir

Hoje em dia, muitas pessoas deixam de falar com Deus com a justificativa de que a rotina toma todo o seu tempo. No entanto, a intimidade e o falar com Deus não devem acontecer apenas em momentos separados, embora isso seja bom, mas sim o tempo todo, pois Deus está sempre atento a ouvir nossa oração e tem prazer em comunicar-se conosco.

Oração da Semana

Meu Deus, assim como Moisés, quero subir a montanha para falar contigo, ouvir tua voz e poder sentir a tua glória. Ajuda-me nos momentos difíceis, em que às vezes me sinto desanimada, mas principalmente desperta em mim um desejo insaciável pela tua presença, um desejo insaciável por buscar a tua face, pois meu coração anseia pela tua presença. Amém.

O quanto essa mensagem falou ao meu coração?

Semana 12
VIGIANDO EM TODO O TEMPO

"'Vigiem e orem para que não caiam em tentação. O espírito está pronto, mas a carne é fraca.'"
Mateus 26:41

Quando reservamos um tempo para orar, estamos privilegiando o bom uso do nosso tempo. Orar nos dá a certeza de que não seremos apanhados pelas muitas atividades que tendem a roubar nossa atenção e que estaremos usando esse tempo precioso para coisas que realmente importam: intercessão e oração.

Por que devemos vigiar? Porque a carne é fraca. O próprio Jesus, mesmo sendo Deus, nos ensinou isso, pois ele sempre se retirava para orar, ou seja, estava sempre vigiando, até mesmo nas madrugadas, para ter forças para suas múltiplas atividades concernentes às multidões.

Quando deixamos de vigiar, corremos um risco muito grande. Lembremo-nos do exemplo de Davi. Ele sempre foi um guerreiro excelente e sempre estava atento no campo de batalha. No entanto, quando deixou de ir à guerra, seu olhar foi atraído para o pecado e ele desejou Bate-Seba, mulher de Urias. Não vigiar levou Davi a cometer um pecado, e esse pecado trouxe consequências terríveis para ele e para sua família.

Mesmo que Deus, com imenso amor, tenha usado o profeta Natã para despertar Davi e levá-lo ao arrependimento, não teve como evitar as consequências de seu ato.

Essa passagem nos ensina e nos prova que não vigiar faz com que nos desviemos do verdadeiro alvo e passemos a olhar para o pecado, e, como sabemos, o pecado sempre traz consequências terríveis para nossa vida e para os que nos rodeiam. Portanto, vigiemos para continuar desfrutando da comunhão com Deus, pois falar com o Altíssimo é algo que não tem preço.

Leitura bíblica

Mateus 13:32-37

 Motivos para agradecer:

_____
_____
_____
_____
_____
_____
_____
_____
_____

Motivos de intercessão:

_____
_____
_____
_____
_____
_____
_____
_____
_____
_____
_____

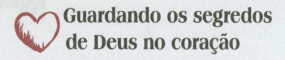
Guardando os segredos de Deus no coração

Você se lembra de alguma situação em que você ou alguém próximo a você deixou de vigiar e passou por momentos difíceis? Comente brevemente como se deu esse fato e o que poderia ter sido feito para evitá-lo.

E você, o que tem feito para vigiar no dia a dia? Tem buscado ao Senhor para ajudá-la nesse sentido?

"Recolha a verdade de Deus, guarde-a no coração e, então, resplandeça entusiasticamente."
PATSY CLAIRMONT

Segredos de Deus para você

Para Refletir

Temos de tomar muito cuidado com nosso olhar, com nossos pensamentos e com tudo aquilo que pode roubar nossa comunhão com Deus, pois algumas questões aparentemente simples podem nos afastar do Senhor. Por isso, devemos estar em constante oração, para que, quando vier a tentação, estejamos firmadas na rocha eterna, que é o Senhor.

Oração da Semana

Senhor, toma minha mente, meus pensamentos, e me ajuda a estar em constante vigilância. Não permita que eu cometa o mesmo erro de Davi, que se desligou das coisas espirituais e se deixou levar pelas tentações carnais. Antes, impulsiona-me a buscar cada vez mais intimidade contigo para que eu resista firme quando vier a tentação. Amém.

O quanto essa mensagem falou ao meu coração?

Semana 13

UM OLHAR QUE VALE MAIS DO QUE MIL PALAVRAS

"Um cordão de três dobras não se rompe com facilidade"
Eclesiastes 4:12b

Existem casais que têm tanta intimidade que se conversam pelo olhar. Mas, para se chegar a esse ponto, é claro que é preciso primeiro ter uma excelente comunicação (isto é, é necessário ter muito, mas muito diálogo). Quanto mais você conversa com seu cônjuge, mais passa a conhecê-lo, chegando ao ponto de reconhecer as diversas expressões e saber se ele está cansado, se está triste, se está preocupado...

Buscar essa intimidade é o princípio para que Deus cumpra seu plano na vida da mulher casada, que é fazer dela uma auxiliadora idônea e apta para complementar seu esposo, sendo-lhe igual, compartilhando sonhos, sentimentos, objetivos e realizações.

Nesse sentido, como já dito, a comunicação é essencial para o êxito do casal, porque é por meio dela que a mulher se tornará uma excelente auxiliadora do seu esposo, cooperando para que ele se torne um homem cumpridor do propósito de Deus como líder, sacerdote, provedor e defensor de sua família. E, diferentemente do que muitos pensam ou dizem, isso não a torna inferior; pelo contrário, a coloca na posição de ajudadora e no centro da vontade de Deus.

A comunicação clara entre o casal, por meio de palavras, olhares ou ações, fortalece os laços matrimoniais, intensifica a amizade e une os cônjuges, fechando as portas para os ataques malignos. Portanto, invista na comunicação com seu esposo e não permita que a má comunicação enfraqueça seu relacionamento! Posicione-se para construir a comunicação adequada com seu cônjuge para que, juntos, sejam instrumentos úteis no Reino de Deus.

Segredos de Deus para você

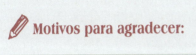

Eclesiastes 4:9-12

✏️ Motivos para agradecer:

_____
_____
_____
_____
_____
_____
_____
_____

✏️ Motivos de intercessão:

_____
_____
_____
_____
_____
_____
_____
_____

Guardando os segredos de Deus no coração

Como tem sido a comunicação com seu cônjuge? O que você pode fazer para melhorar sua comunicação conjugal?

✎ _____
_____
_____
_____
_____

Como vocês lidam com as situações problemáticas? Vocês conversam, expõem o problema e tentam resolvê-lo juntos? E, quando há desentendimentos, como vocês lidam com isso? Sentam e conversam ou fica cada um no seu canto?

✎ _____
_____
_____
_____
_____

> "O elogio é uma dádiva tão grande e tão difícil de dar! Procure as coisas que tornam seu cônjuge especial e desenvolva o hábito de elogiá-lo por essas coisas."
> **GARY SMALLEY**

Segredos de Deus para você

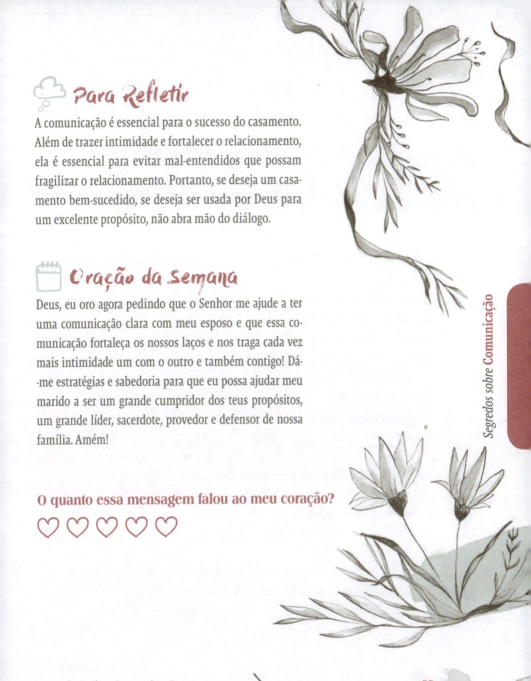

Para Refletir

A comunicação é essencial para o sucesso do casamento. Além de trazer intimidade e fortalecer o relacionamento, ela é essencial para evitar mal-entendidos que possam fragilizar o relacionamento. Portanto, se deseja um casamento bem-sucedido, se deseja ser usada por Deus para um excelente propósito, não abra mão do diálogo.

Oração da Semana

Deus, eu oro agora pedindo que o Senhor me ajude a ter uma comunicação clara com meu esposo e que essa comunicação fortaleça os nossos laços e nos traga cada vez mais intimidade um com o outro e também contigo! Dá-me estratégias e sabedoria para que eu possa ajudar meu marido a ser um grande cumpridor dos teus propósitos, um grande líder, sacerdote, provedor e defensor de nossa família. Amém!

O quanto essa mensagem falou ao meu coração?

♡ ♡ ♡ ♡ ♡

Semana 14
A AMARGURA DESTRÓI A COMUNHÃO CONJUGAL

"... nem haja alguma raiz de amargura que, brotando, vos perturbe..."
Hebreus 12:15 (ARA)

Você e seu cônjuge já se desentenderam e foram dormir sem se falar? Se isso nunca aconteceu, você é bem-aventurada. Se já, esta reflexão é para você.

Algumas vezes, por acreditarmos estar certas (e às vezes estamos mesmo), deixamos o orgulho dominar e por isso, não assumimos o nosso erro nem pedimos perdão. Independente da causa, o fato é que às vezes o problema começa com uma coisa pequena e vai ganhando proporções maiores. Quando esses pontos não são tratados, geram grande amargura e, por fim, abalam as estruturas do casamento.

A amargura é sem dúvida uma poderosa arma maligna capaz de destruir por completo a comunicação entre o casal, e resulta da falta de perdão em nosso coração. Trata-se de um sentimento horrível, que é um misto de tristeza, dor, ira e desejo de vingança.

Mas Deus tem o segredo para nos livrar da amargura: (1) perdoar totalmente aqueles que nos ofenderam, principalmente, o cônjuge (Efésios 4:32); (2) ter um coração grato a Deus por tudo o que Ele já nos deu, como o perdão, a salvação e a vida eterna (Tiago 1:17); (3) rejeitar qualquer lembrança amarga do passado, declarando que em Cristo somos livres (Isaías 43:18-19); (4) cultivar uma vida de adoração e louvor diário.

Quando adoramos a Deus e nos colocamos no centro de sua vontade, Ele nos livra de toda amargura, e a comunicação com o nosso cônjuge se torna transparente e repleta de palavras e atitudes abençoadoras e edificantes.

Leitura bíblica

Hebreus 12:12-15

 Motivos para agradecer:

_____
_____
_____
_____
_____
_____
_____

 Motivos de intercessão:

_____
_____
_____
_____
_____
_____
_____

Guardando os segredos de Deus no coração

Analisando sua vida conjugal, responda: você acha que precisa perdoar a seu cônjuge?

Segundo o texto, quais são os segredos de Deus para evitar a amargura no relacionamento conjugal?

> "O Senhor é um Deus de perdão e graça."
> **MARILYN MEBERG**

Para Refletir

Os conflitos entre casais são consequências de pequenas questões não resolvidas. Quando deixamos nosso orgulho tomar conta, deixamos de agir sabiamente e passamos a dar espaço para a amargura. Então, não deixe que as pequenas pedras do relacionamento se tornem muros em seu relacionamento. Em vez disso, ore a Deus e peça a sabedoria divina para ser uma edificadora de seu lar.

Oração da Semana

Senhor, dá-me a sabedoria necessária para ter um coração perdoador e não guardar nenhum sentimento negativo. Ajuda-me a cultivar o amor diariamente em meu casamento para que meu esposo e eu possamos ser bênção em nossa casa, em nossa família e também na vida daqueles que nos cercam.

O quanto essa mensagem falou ao meu coração?

Semana 15
UM DIÁLOGO PROFISSIONAL

"Você comerá do fruto do seu trabalho, e será feliz e próspero."
Salmo 128:2

Você já deve ter notado que, para seu esposo, a realização profissional é algo que importa. Não é que a vida profissional do homem tenha mais valor que a da mulher; no entanto, pela necessidade inata de ser o provedor e liderar o lar, o peso que essa questão tem para ele é muito grande.

Toda mulher sábia pode contribuir para que a vida profissional de seu esposo seja bem-sucedida. Como? Começando pela oração! A intercessão em favor de seu marido trará sabedoria e criatividade para seu desenvolvimento profissional, além, é claro, de guardá-lo do mal.

Outro ponto importante é sempre incentivá-lo a buscar um contínuo aperfeiçoamento para manter-se atualizado na carreira, seja por meio de cursos, livros ou outros métodos.

Você, mulher, também deve sempre estimular seu cônjuge quanto aos dízimos e ofertas em obediência a Deus, sabendo que o Senhor é fiel e retribuirá abundantemente. Também tenha em mente que, quando você demonstra interesse pelo trabalho exercido por ele, cria mais condições para, quando necessário, não apenas ouvi-lo, mas também aconselhá-lo nos problemas ligados ao ambiente de trabalho.

Por fim, lembre-se de que, quando marido e mulher exercem atividades profissionais seculares, jamais deve haver competição entre os dois. Pelo contrário, após o casamento não deve existir mais "o meu" e o "seu", mas sim "o nosso", ou seja, os dois devem trabalhar para o bem-estar e sucesso familiar, tendo em vista que os benefícios serão comuns, pois o casal estará agindo em unidade, interdependência e temor do Senhor.

Leitura bíblica

Salmo 128

✏️ **Motivos para agradecer:**
_____
_____
_____
_____
_____
_____
_____

✏️ **Motivos de intercessão:**
_____
_____
_____
_____
_____
_____
_____

Guardando os segredos de Deus no coração

Você tem estimulado seu cônjuge a crescer profissionalmente? Se sim, quais têm sido os resultados? Se não, como poderia ajudá-lo nesse sentido?

_____
_____
_____
_____

Você tem tido paciência para ouvir e compartilhar das preocupações e dos problemas de trabalho de seu cônjuge?

_____
_____
_____
_____
_____

> "Dentro do seu coração há uma parte muito especial que você deve ter coragem de compartilhar com alegria. É a parte que mostra que você realmente se importa."
>
> **MARY HOLLIGSWORTH**

Para Refletir

O ambiente corporativo é algo desgastante, pois muitas vezes a pressão é sobre-humana e reflete nas demais áreas. Por isso é tão importante a mulher buscar sabedoria de Deus para edificar seu lar, para ser ouvinte e, com amor, ajudar seu esposo, animando-o nos momentos de tristeza e incentivando-o em todo o tempo, para que a família seja bem-sucedida e abençoada por Deus.

Oração da Semana

Senhor, peço a ti graça para ser uma grande motivadora do meu esposo, seja para progredir na carreira, seja para animá-lo nos momentos em que ele enfrentar problemas no emprego e também na vida espiritual. Faz de mim um canal de bênçãos na vida dele, e que eu seja também uma grande amiga para ouvi-lo e compreendê-lo em todos os momentos. E que unidos possamos trabalhar para nosso bem comum, sempre com grande temor ao Senhor. Amém!

O quanto essa mensagem falou ao meu coração?

Semana 16
MAIS QUE CONSELHOS: UM LEGADO

"Instrua a criança segundo os objetivos que você tem para ela, e mesmo com o passar dos anos não se desviará deles."
Provérbios 22:6

Os ensinamentos de uma mãe são de valor imensurável e certamente contribuirão para definir o destino de seus filhos. Abraham Lincoln, ex-presidente dos Estados Unidos, certo dia declarou: "Tudo o que sou devo à minha mãe".

O conselho de mãe não é importante apenas porque você já viveu muitas das coisas e experiências que seu filho está começando a viver, mas principalmente porque você é uma mulher de Deus, virtuosa e sábia. Quando sentir que algumas vezes lhe falta sabedoria para aconselhá-lo, lembre-se de que, quando os recursos terrenos se esgotarem, ainda haverá uma infinidade de recursos no céu. Basta clamar a Deus por sabedoria que Ele certamente a ouvirá e conduzirá seus pensamentos e sua autoridade materna para orientar, conduzir e abençoar seus filhos (Deuteronômio 6:6-7).

Por fim, como estamos falando de palavra, é importante que você tome cuidado com o que diz. Muitas mães, às vezes no momento de nervosismo, acabam falando coisas que não devem. Lembre-se de que a Palavra de Deus diz que "o poder da vida e da morte estão na língua" (Provérbios 18:21); portanto, jamais fale palavras que amaldiçoem ou o façam se sentir inferior. Sua boca deve sempre proferir bênção, e os conselhos que você dá aos seus filhos deverão ser inspirados na Palavra de Deus, pois, assim, o poder da vida se manifestará em sua boca e conduzirá seus filhos ao triunfo.

Leitura bíblica

Provérbios 31:1-8

✏️ **Motivos para agradecer:**

_____
_____
_____
_____
_____
_____
_____

✏️ **Motivos de intercessão:**

_____
_____
_____
_____
_____
_____
_____

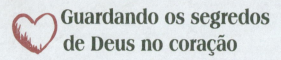 Guardando os segredos de Deus no coração

Você costuma manter uma relação próxima com seus filhos, trazendo-os para próximo de você e orientando-os quando precisam?

✎ _____
_____
_____
_____
_____

Você tem procurado entender o momento que seus filhos estão vivendo, bem como as amizades deles, para poder orientá-los segundo a Palavra de Deus?

✎ _____
_____
_____
_____
_____

> "De todas as coisas maravilhosas que podemos fazer por nossos filhos, a oração está no topo da lista das que causam maior impacto."
> **CHERI FULLER**

Para Refletir

Quando falam que a palavra tem poder, isso é realmente verdade. Por isso, você, mãe e mulher de Deus, precisa buscar sempre a graça de Deus para falar e aconselhar sempre pautada na Palavra de Deus, para que assim possa trazer a bênção de Deus sobre seus filhos.

Oração da Semana

Deus, dá-me sabedoria do céu para sempre ter palavras abençoadas para orientar meus filhos. Sei que meus conselhos são muito mais do que palavras, são legados preciosos que os farão ser bem-sucedidos não apenas na vida secular, mas principalmente na vida espiritual, pois meu desejo é ser canal de bênção na vida dos meus filhos para que eles sejam abençoados e abençoadores! Amém.

O quanto essa mensagem falou ao meu coração?

♡ ♡ ♡ ♡ ♡

Semana 17
MÃE, TÁ LIGADA?

"O amor não se alegra com a injustiça, mas se alegra com a verdade."
1Coríntios 13:6

A adolescência é, sem dúvida, uma das fases mais complicadas da vida. É um período de transição entre a infância e a fase adulta, quando não se é mais tão infantil, mas ainda não se é adulto o suficiente para agir com maturidade. É a fase das descobertas, dos hormônios à flor da pele, de mudanças incríveis no pensamento e no corpo. Mas é também uma das fases mais difíceis de lidar.

Os pais, quando erram, sempre o fazem tentando acertar. Mas aqui valem algumas reflexões: Você tem se aproximado dele(a)? Tem tido paciência para entender este momento e aconselhar segundo a Palavra de Deus? Entendo o quanto fazer isso é difícil, mas Deus, como sempre, tem a solução para ajudar os pais nessa árdua tarefa.

O primeiro passo é buscar direção de Deus para estabelecermos um relacionamento gostoso, livre e alegre com o filho adolescente, afinal, você é a maior referência dele. Não existe uma fórmula infalível, mas posso dar algumas dicas para ajudar com essa comunicação:

- *Tente entendê-los,* afinal, você também já foi adolescente.
- *Aceite-os sem julgamento,* pois o mundo já os julga o tempo todo.
- *Escute-os com consideração e respeito,* para que possam confiar em você.
- *Não imponha seus conceitos.* Embora os padrões morais de Deus sejam imutáveis, lembre-se de que os tempos mudaram. Então, antes de impor sua vontade, peça sabedoria a Deus para orientá-los.

Leitura bíblica

1Coríntios 13:1-7

 Motivos para agradecer:

_____
_____
_____
_____
_____
_____
_____
_____

 Motivos de intercessão:

_____
_____
_____
_____
_____
_____
_____
_____

Guardando os segredos de Deus no coração

Quando você conversa com seu filho, o faz em um momento tranquilo, reservado, ou divide sua atenção entre ele e os afazeres?

_____
_____
_____
_____
_____

Você tem procurado conversar com seu filho frequentemente? Ou conversa com ele apenas quando sente que ele está com problema?

_____
_____
_____
_____
_____

"Preste muita atenção nos conselhos que você dá aos seus filhos, pois podem ser a palavra do Senhor para você."
MIKE MASON

 ## Para Refletir

Não existe uma receita infalível para lidar com filhos adolescentes. No entanto, a presença dos pais é algo que faz total diferença, além de proporcionar a eles um porto-seguro para os momentos de angústia. Quando agimos assim, não somos apenas pais cuidadosos e zelosos, mas também testemunhos vivos do amor e da graça de Deus que pregamos, o que certamente impacta a vida dos nossos adolescentes e desperta neles o desejo de também sempre estar próximo a Deus.

 ## Oração da Semana

Deus maravilhoso, peço a ti paciência e sabedoria para dialogar com meu filho. Ajuda-me a entendê-lo sem julgamento, a orientá-lo não segundo o meu desejo, mas segundo os teus princípios, e ajuda-me a viver uma vida que possa servir de exemplo quando eu for orientá-lo. Que meus conselhos sejam abençoados por ti para que, quando ele crescer, seja uma bênção em tuas mãos. Amém.

O quanto essa mensagem falou ao meu coração?

Segredos sobre Comunicação

Semana 18
CRÍTICAS X ELOGIOS

"A ansiedade no coração do homem o abate, mas a boa palavra o alegra."
Provérbios 12:25

Pare e pense sobre com que frequência tem criticado seus filhos, seu cônjuge e as pessoas de modo geral. Você tem feito mais críticas ou mais elogios?

Nada causa mais efeito nas pessoas do que um elogio recebido. Faça o teste e tente exaltar o que os outros têm de melhor: de repente, seu filho não é bom em matemática, mas é um excelente músico; talvez seu esposo sempre esqueça a toalha em cima da cama, mas ele te presenteia sem precisar de uma ocasião especial para isso.

Como esposas e pais tementes a Deus, nosso papel é não somente corrigir nossos filhos quando eles estão errados, mas também fazê-los se sentirem importantes e elogiá-los quando fazem coisas boas.

Quem já recebeu um (ou vários) elogio(s) sabe o poder que essas palavras têm quando chegam em um momento de aperto, insegurança ou desânimo. E todo mundo gosta de ser elogiado, principalmente se for algo sincero, espontâneo e natural.

Portanto, repense o modo como você age com as pessoas ao seu redor, mas, principalmente seu esposo e filhos. Lembre-se de que a crítica constante só traz desânimo, mas o elogio estimula, traz alegria ao coração e deixa o semblante mais formoso.

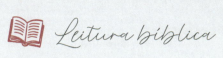 **Leitura bíblica**

Provérbios 12:25; 16:23-24

✏️ **Motivos para agradecer:**

_____
_____
_____
_____
_____
_____
_____
_____

✏️ **Motivos de intercessão:**

_____
_____
_____
_____
_____
_____
_____
_____

Guardando os segredos de Deus no coração
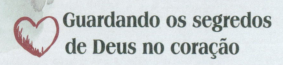

De zero a dez, com que frequência você elogia ao seu esposo? E aos seus filhos?

Em sua opinião, você acha que precisa diminuir o número de críticas que faz ao seu cônjuge e aos seus filhos ou consegue ser equilibrada nesse sentido?

"Quem é cuidadoso no que fala evita muito sofrimento."
PROVÉRBIOS 21:23

Segredos de Deus para você

Para Refletir

Ainda que muitos falem sobre "crítica construtiva", em geral a crítica traz mais prejuízos do que melhorias. Algumas pessoas são mestres em criticar e não sabem tecer um elogio sequer. Se queremos ser espelhos de Deus nesta terra, devemos fazer o possível para animar as pessoas, e palavras positivas e sinceras são grandes aliadas nessa missão. Portanto, critiquemos menos e elogiemos mais.

Oração da Semana

Jesus, filho do Deus Altíssimo, peço que abra os meus olhos para que eu possa enxergar mais as qualidades do meu esposo e menos seus defeitos. Que eu possa, com palavras abençoadoras, animá-lo nos momentos de tristeza e fazê-lo sorrir com meus elogios. Peço também que me dê graça e sabedoria para tecer elogios aos meus filhos sobre tudo o que fizerem de bom. Que eu seja mensageira de ânimo na vida da minha família. Amém!

O quanto essa mensagem falou ao meu coração?

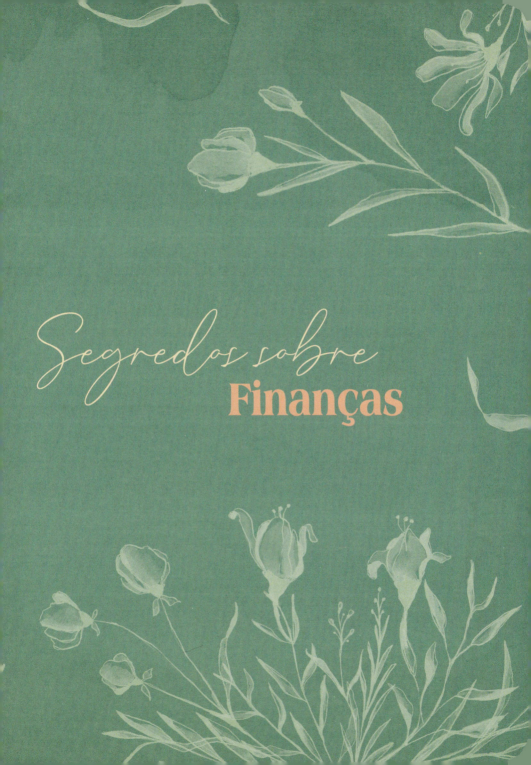

Semana 19
AVALIANDO A VIDA FINANCEIRA

"...a vida de um homem não consiste na quantidade dos seus bens."
Lucas 12:15

Hoje em dia, o parcelamento é algo que encanta muitas vezes. Chegamos a um ponto em que até ovo de Páscoa está sendo parcelado. A princípio, pode parecer uma boa maneira de se obter algo; mas a verdade é que, se isso for feito sem planejamento, em vez de trazer alegrias e bênçãos, pode gerar problemas sérios; em outras palavras, se o financiamento não couber no orçamento, pode trazer consequências ruins.

Muitas vezes ouvimos que as pessoas com problemas financeiros estão em um buraco. Na verdade, não há apenas um buraco, mas sim três: no bolso, no coração e na mente.

Tudo o que é contrário à vontade de Deus gera problemas, pois o Reino de Deus é regido por princípios que, quando não observados, ocasionam sérias consequências. Tendo em vista essas coisas, procure conhecer os princípios relacionados às finanças, e comece refletindo sobre como adequar o que eu ganho com o que gasto.

Precisamos saber se o que ganhamos está de acordo com o que gastamos, porque o ideal é termos recursos – não só para quitarmos as dívidas, repartir com os necessitados e contribuir com a igreja –, mas, na medida do possível, ter uma poupança para uma emergência.

Então, o primeiro passo é ter coragem para avaliar sua vida financeira e colocar em prática os princípios do Reino, para que sua vida seja abençoada e próspera. Ao fazer isso, peça sabedoria e revelação ao Espírito Santo, pois Deus mais do que ninguém sabe o que nos motiva e, se o convidarmos a participar também da nossa vida financeira, ele certamente nos ajudará e guiará nossos pensamentos, nossos planos, nossas compras e nossas provisões tanto no presente quanto no futuro.

Leitura bíblica

Lucas 12:13-21

✏️ **Motivos para agradecer:**

_____
_____
_____
_____
_____
_____
_____

✏️ **Motivos de intercessão:**

_____
_____
_____
_____
_____
_____
_____

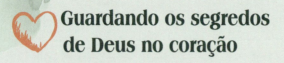 Guardando os segredos de Deus no coração

Você costuma orar a Deus quando vai comprar alguma coisa?

_____
_____
_____
_____
_____

Já parou para pensar em estratégias de evitar financiamentos (por exemplo, criar uma poupança para realizar seus sonhos)? Além da poupança, há outro modo de se precaver e ter uma segurança para os momentos difíceis?

_____
_____
_____
_____
_____

> "Quando aceitamos que o nosso dinheiro é de Deus, cada decisão financeira se torna uma decisão espiritual."
> **JOHN PIPER**

Para Refletir

Se não agirmos com sabedoria com as nossas finanças, jamais seremos bem-sucedidos, porque estaremos gastando o que não temos para obter aquilo de que não precisamos para, muitas vezes, impressionar quem não merece. Portanto, procure agir com sabedoria para viver financeiramente organizada e sabiamente equilibrada.

 Oração da Semana

Senhor, preciso de tua sabedoria para organizar minhas finanças. Ajuda-me a controlar minha ansiedade se esta quiser me levar ao desequilíbrio. Dá-me graças para organizar minhas finanças e saber usar meu dinheiro de maneira coerente com os teus princípios, para que eu possa viver as ricas bênçãos que o Senhor tem para mim. Amém.

O quanto essa mensagem falou ao meu coração?

Semana 20
VAMOS, TRABALHE!

"...a vida de um homem não consiste na quantidade dos seus bens."
Lucas 12:15

Como é triste ver alguém preguiçoso. Quando ficamos perto de alguém assim, isso traz desânimo para a alma. E normalmente o preguiçoso, além de não se esforçar para nada, vive reclamando de que as coisas não dão certo para ele. Isso é algo que traz tristeza a nós e com certeza também ao coração do Pai.

Para que a nossa casa seja próspera e abençoada, ela precisará do cuidado e do zelo que temos com tudo o que Deus nos dá. Isso não acontece com o preguiçoso, que, por não ter esse cuidado, deixa a casa "cheia de espinheiros por toda a parte" e tem o chão "coberto de ervas daninhas".

Quando vejo uma casa bagunçada, logo percebo que há um desequilíbrio, que pode ser emocional ou físico, ou simplesmente preguiça, e isso expressa uma total desordem, que é abominável diante do Pai, que é um Deus ativo e organizado.

Contudo, a administração do lar, sob a perspectiva bíblica, não está limitada ao cuidado somente da casa ou ao atendimento das necessidades materiais, mas abrange também a criação de um ambiente estimulante e agradável, em que a família pode prosperar emocional e espiritualmente.

Por fim, vale dizer que um lar organizado e edificado no Senhor Jesus, com uma mulher que gasta tempo com o Senhor diariamente em busca de sabedoria, inteligência e conhecimento, permanecerá firme e "organizado" mesmo nas turbulências da vida.

Leitura bíblica

Provérbios 24:30-34

✏️ Motivos para agradecer:

_____
_____
_____
_____
_____
_____
_____
_____

✏️ Motivos de intercessão:

_____
_____
_____
_____
_____
_____
_____
_____
_____

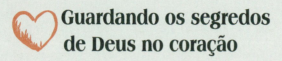
Guardando os segredos de Deus no coração

Qual conselho, baseado na Palavra, você daria a uma pessoa preguiçosa?

_____
_____
_____
_____
_____

Cite alguns dos problemas, tanto físicos como espirituais, que a preguiça pode trazer para o lar e a família.

_____
_____
_____
_____
_____

"Observe a formiga, preguiçoso, reflita nos caminhos dela e seja sábio!"
PROVÉRBIOS 6:6

 ## Para Refletir

Em Provérbios 6:6, o Senhor faz uma advertência para o preguiçoso: "Observe a formiga, preguiçoso, reflita nos caminhos dela e seja sábio!" Nessa passagem, Deus, por meio de Salomão, está nos orientando a ter uma vida sensata, utilizando nossos recursos de maneira inteligente, poupando no "verão" para ter recursos no "inverno". Que possamos ser como a formiga, sábia e prudente, na administração de nossos recursos.

 ## Oração da Semana

Deus, ajuda-me a administrar sabiamente meus recursos e, assim como a formiga, jamais me deixar vencer por qualquer sentimento de preguiça; antes, faça-me ativa para criar um ambiente saudável e estimulante em minha casa, para que eu veja minha família prosperar. Em nome de Jesus, amém.

O quanto essa mensagem falou ao meu coração?

Semana 21
DÍZIMO É UMA ALIANÇA ENTRE VOCÊ E DEUS!

"Pode um homem roubar de Deus? Contudo vocês estão me roubando."
Malaquias 3:8

Embora muitos se sintam desconfortáveis em falar sobre o assunto, a verdade é que "finanças" é de suma importância em nossa vida. E não precisa ser nenhum especialista para lidar com a área financeira adequadamente; na verdade, a Bíblia nos orienta quanto a isso e, nesse sentido, o fato de muitos ignorarem esse assunto é a razão de tantos problemas em tantas famílias.

O livro de Malaquias faz algumas advertências sobre o assunto, e uma das mais importantes é sobre dízimos e ofertas. Em Malaquias 3:8, Deus faz uma pergunta intrigante ("Pode um homem roubar de Deus?"), que Ele mesmo responde: os homens têm roubado a Deus retendo os dízimos e ofertas.

Mas qual é a diferença entre roubo e furto? O roubo é realizado na presença das pessoas, ao passo que o furto não (ou seja, nesse caso, quando a pessoa se "dá conta", já perdeu o bem e não viu quando nem como o fato se deu). Diante de Deus, o que acontece é roubo, pois Ele está presente e vê tudo que acontece!

Dar o dízimo não deve ser encarado como uma obrigação, mas sim como gratidão a Deus por tudo o que Ele faz por nós, pois tudo pertence a Ele. Tudo que temos é de Deus: o ar que respiramos, nosso emprego, e também o nosso dinheiro (1Coríntios 29:14). Por isso, não só o dízimo é de Deus, mas também TUDO é dele. Em outras palavras, o que fazemos é somente devolver o que já é dele, inclusive nossa família, a igreja e os ministérios.

Malaquias 3:8-12

✏ Motivos para agradecer:
_____
_____
_____
_____
_____
_____
_____

✏ Motivos de intercessão:
_____
_____
_____
_____
_____
_____
_____
_____

Guardando os segredos de Deus no coração

Você tem sido dizimista fiel na casa do Senhor?

_____
_____
_____
_____
_____

Qual conselho você daria para alguém que não é dizimista?

_____
_____
_____
_____
_____

"Não há nada que Deus não possa fazer, que não possa nos conceder, quando o honramos com nosso dízimo."

LUCI SWINDOLL

Para Refletir

A igreja é uma instituição e, como tal, precisa de recursos para ser mantida: a luz que ilumina nossos cultos, a água que bebemos, a pintura, a manutenção, enfim, tudo isso demanda dinheiro. Quando entregamos nosso dízimo ao Senhor, o que estamos fazendo é contribuir para a manutenção da obra, tornando, assim, a casa do Senhor um lugar digno da presença do altíssimo.

Oração da Semana

Deus, jamais permita que eu me torne uma pessoa avarenta, que rouba ao Senhor; em vez disso, quero glorificar a ti por tudo o que fazes, pois sei que tudo é teu: minha vida, meu emprego, e também minhas finanças. Que meu coração tenha alegria em devolver a ti o meu dízimo e em contribuir com tua obra. Amém!

O quanto essa mensagem falou ao meu coração?

Semana 22
RIQUEZA: BÊNÇÃO OU MALDIÇÃO?

"Pois o amor ao dinheiro é a raiz de todos os males."
1Timóteo 6:10

Não podemos, de maneira nenhuma, afirmar que ser rico é um problema ou que todos os ricos amam o dinheiro, até porque isso não é verdade. No entanto, devemos olhar com atenção para as advertências do Senhor quanto ao amor ao dinheiro.

Dezesseis das trinta e nove parábolas de Jesus lidam com a questão das riquezas. Nas Escrituras há mais referências feitas sobre a questão do dinheiro do que à questão da salvação, e Deus o faz porque o dinheiro interessa a todas as pessoas.

A riqueza material pode ser uma bênção ou uma maldição, pois o poder que ela exerce sobre as pessoas é muito sutil e com certeza trará desgraças se não souberem como administrar.

Há muitas pessoas que, quando têm dinheiro, pensam que podem comprar tudo no mundo, inclusive outras pessoas. Com isso, desprezam o Criador e passam a viver "dissolutamente", visando apenas aos prazeres da carne e às realizações pessoais.

Mas vale ressaltar que o problema não é o dinheiro em si, mas sim o amor ao dinheiro. Para que fique mais claro, quando falamos de amor ao dinheiro, estamos falando de pessoas que o colocam acima de qualquer coisa e vivem em função dele e acabam se tornando extremamente materialistas e indiferentes aos problemas ao seu redor. Como resultado, muitas acabam sofrendo todo tipo de tormento e, às vezes, perdendo tudo. Como isso vai acontecendo aos poucos, precisamos estar atentos e sempre avaliando nossa vida, para verificar se, porventura, não estamos amando mais o dinheiro do que Deus.

Leitura bíblica

1Timóteo 6:6-10

✏️ Motivos para agradecer:

_____
_____
_____
_____
_____
_____
_____
_____
_____

✏️ Motivos de intercessão:

_____
_____
_____
_____
_____
_____
_____
_____

Guardando os segredos de Deus no coração

Quais são as consequências das pessoas que amam ao dinheiro? O que Deus pensa delas?

_____
_____
_____
_____
_____

O que você entende por "amor ao dinheiro"?

_____
_____
_____
_____
_____

"Pois onde estiver o seu tesouro, aí também estará o seu coração."

MATEUS 6:21

Para Refletir

Não raro vemos pessoas que, mesmo possuindo riquezas e bens materiais, vivem em depressão e, muitas vezes, até se suicidam. A questão é que, embora o dinheiro possa comprar bens materiais de qualquer valor, jamais poderá comprar paz e a presença de Deus, que traz vida e alegria mesmo em meio às provações. Em suma, ter dinheiro é bom, mas jamais será tudo e nunca poderá ser o mais importante em nossa vida.

Oração da Semana

Senhor, eu oro buscando estabilidade financeira para poder cuidar melhor da minha família, dar mais segurança e mais conforto aos meus filhos, mas jamais permitas que meu coração se apegue ao dinheiro. Ajuda-me a priorizar tua presença e a comunhão contigo acima de tudo, e que tu sejas sempre meu Senhor e provedor das minhas necessidades. Confio em ti acima de tudo, amém!

O quanto essa mensagem falou ao meu coração?

Semana 23
PROVIDÊNCIA DIVINA

"De fato, a piedade com contentamento é grande fonte de lucro, pois nada trouxemos para este mundo e dele nada podemos levar; por isso, tendo o que comer e com que vestir-nos, estejamos com isso satisfeitos."
1Timóteo 6:6-8

Quero começar esta meditação convidando-a a fazer uma reflexão: por acaso falta-nos alguma coisa? Já recebemos Jesus como Senhor de nossa vida, certo? Esse sem dúvida é o maior tesouro que poderemos ter nesta terra, pois ainda nos garante uma vida eterna cheia de graça e alegria junto com o Altíssimo. Mas não para por aí: temos um lugar para morar, comida, roupas para vestirmos? Sim, o que significa que Deus tem sido fiel à Palavra, que diz que Ele suprirá cada uma das nossas necessidades.

Agora devemos responder a outro questionamento: será que temos feito a nossa parte, que é agradecer-lhe por tudo o que tem feito, segundo as suas misericórdias? Se formos gratos, Ele nos promete ainda mais para desfrutarmos aqui na Terra, pois, para onde vamos, não precisaremos de mais nada das coisas terrenas. Além disso, o nosso Deus jamais nos desampara, e sua Palavra prova isso. Quando Deus deu ordem a Elias para que se retirasse da cidade, Ele prometeu cuidar dele, e assim o fez.

Mais adiante, vemos Elias sendo alimentado pela viúva de Sarepta e fazendo milagre na casa dessa mulher. Esse é o nosso Deus nos provando que sempre cuidará de nós e suprirá todas as nossas necessidades. Portanto, em vez de questionarmos ou murmurarmos, confiemos em Deus e em seu poder provedor!

Que tal, então, começar seu dia agradecendo ao Senhor por tudo quanto tem feito, crendo que Ele suprirá todas as suas necessidades, pois Ele a conhece e tem prazer em abençoar aqueles cujo coração é agradecido.

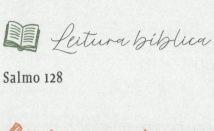

Leitura bíblica

Salmo 128

✏ Motivos para agradecer:
_____
_____
_____
_____
_____
_____
_____
_____

✏ Motivos de intercessão:
_____
_____
_____
_____
_____
_____
_____
_____

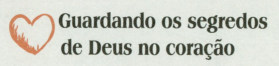

Guardando os segredos de Deus no coração

Você já viveu uma situação de providência milagrosa do Senhor? Como foi essa experiência?

✎ _____
_____
_____
_____
_____

Busque outro exemplo na Bíblia que demonstra a providência de Deus para aqueles que o buscam. Após meditar nessa passagem, escreva uma pequena mensagem e a compartilhe com alguém de sua família, uma irmã da igreja ou, ainda, com uma colega, profetizando a bênção de Deus sobre a vida dela.

✎ _____
_____
_____
_____
_____

> "Deus não promete transbordar sua conta bancária, mas promete suprir todas as suas necessidades."
>
> **PAUL CHAMPELL**

Para Refletir

Deus jamais desamparará aqueles que o temem, que esperam nele e, principalmente, os que são gratos a Ele pelas bênçãos recebidas. Devemos lembrar que a falta de gratidão fecha as portas das bênçãos sobre nós, mas um coração grato move o coração de Deus e traz a providência divina e sobrenatural para as nossas necessidades.

Oração da Semana

Senhor, assim como Elias confiou em ti e viveu a providência sobrenatural, quero ter um coração grato e confiar em ti tão profundamente que, ainda que a situação seja adversa, eu consiga enxergar, pelos olhos da fé, tua providência sobre a minha vida, as minhas necessidades e a minha família. Em nome de Jesus, amém!

O quanto essa mensagem falou ao meu coração?

Semana 24
JESUS, O MAIOR TESOURO

"Não se aborreça quando alguém se enriquece e aumenta o luxo de sua casa; pois nada levará consigo quando morrer; não descerá com ele o seu esplendor."

Salmo 49:16-17

Não raro vemos pessoas que confiam que seus recursos terrenos serão suficientes para resolver todos os seus problemas.

Vivemos num mundo onde as pessoas correm para todos os lugares buscando prosperar e adquirir riquezas, tentando tudo para encontrar realização e felicidade. Mas, como Jesus nos orienta, não devemos comparar a nossa vida à daqueles que enriquecem, tendo isso como principal tesouro no coração; em vez disso, devemos orar para que eles também tenham Jesus como maior tesouro.

Será que você tem pensado em questões desnecessárias, tais como: por que os outros prosperam e eu não? O que há de errado comigo? Só acontece com os outros? Você perde o sono ao ver outras pessoas prosperarem?

Se coisas assim a perturbam, peça a Deus um coração pronto para aceitar a vontade dele sobre sua vida e entregue a Ele o controle de tudo o que você tem, estando certo de que nada lhe faltará.

Nossa fé não deve estar firmada no que temos, mas sim na esperança da vida eterna oferecida por Jesus. Os tesouros juntados aqui na Terra não poderão ser levados quando partirmos, portanto, vamos nos preocupar com o Reino de Deus e a sua justiça, sabendo que Ele recompensará a todos os que assim procedem.

Leitura bíblica

Salmo 49

✏️ **Motivos para agradecer:**
_____
_____
_____
_____
_____
_____
_____
_____
_____

✏️ **Motivos de intercessão:**
_____
_____
_____
_____
_____
_____
_____
_____
_____

Guardando os segredos de Deus no coração

Como você interpreta Mateus 6:19-20?

_____
_____
_____
_____
_____
_____

Qual seria seu conselho para quem vive sempre achando que algo está errado consigo, porque os outros prosperam, mas ele não?

_____
_____
_____
_____
_____
_____

> "Quando a adversidade bater em sua porta, se assegure de que a confiança esteja do lado de dentro para atendê-la."
>
> **MOISÉS CARNEIRO**

# Para Refletir

Ajuntar tesouros na terra não é o desejo do Senhor para nós. Isso não significa que Ele não quer que prosperemos; pelo contrário, Ele quer que confiemos nele e em sua providência acima de tudo, e que invistamos nossas maiores energias em ter intimidade com ele, em adorá-lo e em crer em seu poder, pois não há tesouro maior do que a presença do Senhor em nossa vida.

Oração da Semana

Deus, ajuda-me a acumular tesouros no céu, fazendo tua vontade aqui na terra e sendo canal de bênçãos para todos os que me cercam. Que eu possa me preocupar mais em herdar uma coroa no céu do que acumular riqueza na terra. Também me dá sabedoria para aconselhar aqueles que erroneamente confiam nos recursos terrenos e desprezam o teu cuidado. Em nome de Jesus eu oro. Amém.

O quanto essa mensagem falou ao meu coração?

Semana 25
PRESENÇA OU PRESENTE?

"Agora, pois, estamos todos aqui, na presença de Deus, para ouvir tudo que o Senhor te mandou dizer-nos."
Atos 10:33

Vivemos numa época em que a mídia cria em nós muitas necessidades e incentiva o consumismo exagerado, pregando subliminarmente a mensagem de que você é o que tem. Para sermos felizes, dizem as propagandas, precisamos comprar, ter isto e aquilo, os aparelhos de última geração, as roupas de grife, perfumes importados, os carros do ano.

E o pior é que são tantos os produtos lançados que às vezes corremos contra o tempo para satisfazer essas necessidades, mas, quando não conseguimos satisfazer todos esses desejos criados pela mídia, ficamos frustradas e com uma enorme sensação de impotência e incapacidade para atender às falsas necessidades que afloram em nós e em nossos lares, o que afeta diretamente nossos cônjuges e filhos. A solução, pensamos, é trabalhar fora e suprir as reais e também as falsas necessidades que se apresentam.

Mas isso gera outro problema ainda maior: nossa comunicação e participação ativa na vida dos nossos filhos se dá por meio de presentes, que acabam sendo recompensas pela ausência e substituição da nossa presença na vida deles. E isso vai se tornando cada vez mais complicado, pois, pela falta de tempo, transferimos a responsabilidade de educá-los para a escola, para as babás, para as avós...

Portanto, o conselho para você é: cuide para que as ilusões deste mundo não roubem de você algo que jamais poderá voltar: o tempo presente. E lembre-se de que melhor que os bons presentes são as lembranças de sua presença, pois isso não há dinheiro neste mundo que possa comprar.

 *Leitura bíblica*

Atos 10:30-33

 Motivos para agradecer:

_____
_____
_____
_____
_____
_____
_____

Motivos de intercessão:

_____
_____
_____
_____
_____
_____
_____
_____

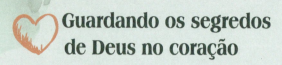 Guardando os segredos de Deus no coração

Qual foi a última vez que você declarou seu amor por seus filhos com a simples expressão "EU TE AMO"?

_____
_____
_____
_____
_____

Como você tem lidado com a questão do consumismo em sua família? Tem sido exemplo de uma vida equilibrada ou tem mostrado que o ter é mais importante do que ser?

_____
_____
_____
_____
_____

> "A verdadeira medida da nossa riqueza está em quanto valeríamos se perdêssemos todo o nosso dinheiro."
>
> **J. H. JOWETT**

 Para Refletir

A palavra-chave aqui é equilíbrio! Não estou dizendo que não devemos lutar para obter aquilo que desejamos, mas sim que o consumismo não deve pautar toda a nossa vida, porque, se nos dedicarmos simplesmente a satisfazer esses desejos supérfluos, perderemos o melhor da vida, que é a convivência com a nossa família.

Oração da Semana

Deus, ajuda-me a ser equilibrada e lúcida com relação às falsas necessidades criadas pela mídia. Que eu jamais me esqueça de que o bem maior que tenho são meu esposo e meus filhos. Que o teu Espírito Santo me guie a viver e a desfrutar do tempo presente juntamente com minha família, sendo bênção na vida dos meus filhos e do meu esposo, e vivendo a maravilhosa responsabilidade de ser a rainha do meu lar. Amém.

O quanto essa mensagem falou ao meu coração?

Semana 26
BOA MEDIDA

"Deem, e lhes será dado: uma boa medida, calcada, sacudida e transbordante será dada a vocês. Pois a medida que usarem também será usada para medir vocês."
Lucas 6:38

Num domingo, uma senhora que recolhe lixo nas ruas e o vende para sustentar seus três filhos trouxe, com muita alegria, seu dízimo. Depois me contou que nesse mesmo dia, quando saiu para recolher o lixo, orou pedindo a Deus o dinheiro necessário para comprar um almoço especial ao filho que fazia aniversário naquele dia. Um pouco antes de voltar para casa, notou que o que havia recolhido não seria suficiente. Quando o desânimo estava tomando conta dela, foi surpreendida por um homem que lhe deu um valor em dinheiro que correspondia a dois dias de seu trabalho. Ela então ficou muito feliz por poder fazer o almoço de aniversário e alegrar seus filhos.

Esse é apenas um exemplo do que Deus pode fazer para aqueles que são sinceros. Deus não fica devendo a ninguém; na verdade, quando pedimos algo a Ele e depositamos nossa confiança nele, somos surpreendidos pelo seu imenso amor e por sua bondade.

A Palavra de Deus nos garante: "Dai, e dar-se-vos-á; boa medida, recalcada, sacudida, transbordante". Então, não importa a medida que você usar, se grande ou pequena, essa mesma medida voltará transbordando a você.

Quando você dá o seu melhor no trabalho, na vida familiar, na vida ministerial e em sua comunhão com Deus, Ele garante o atendimento de todas as suas necessidades e ainda a surpreende. Portanto, dê o seu melhor sempre!

Leitura bíblica

Lucas 6:38-45

✏️ Motivos para agradecer:
_____
_____
_____
_____
_____
_____
_____
_____

✏️ Motivos de intercessão:
_____
_____
_____
_____
_____
_____
_____
_____
_____

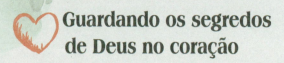

Guardando os segredos de Deus no coração

Você já foi surpreendida por Deus quando achou que as coisas não seriam como havia pedido ou imaginado? Compartilhe sua experiência.

_____
_____
_____
_____
_____

Qual lição você pode extrair do testemunho apresentado nesta reflexão?

_____
_____
_____
_____
_____

"Se uma pessoa adquire a atitude correta em relação ao dinheiro, isso a ajudará a endireitar quase todas as outras áreas de sua vida."
BILLY GRAHAM

Para Refletir

Se quiser ser um testemunho vivo dos milagres e da providência de Deus, dê o seu melhor em tudo o que fizer, porque Ele não fica devendo a ninguém, e mesmo que os recursos ou a situação deste mundo lhe indicar que não será possível alcançar o que você almeja, Deus tem recursos ilimitados para surpreendê-la e suprir suas necessidades.

Oração da Semana

Querido Deus, dá-me graça para me doar por inteiro em tudo o que fizer, pois acredito que o Senhor recompensa grandemente aqueles que assim o fazem. Que eu sempre consiga dar o melhor de mim em tudo o que fizer, em todas as áreas da minha vida, principalmente na financeira, sempre crendo que tu não apenas conheces, como também podes suprir todas as minhas necessidades. Amém.

O quanto essa mensagem falou ao meu coração?
♡ ♡ ♡ ♡ ♡

Semana 27
SABEDORIA ATÉ NAS MÍNIMAS COISAS

> *"Ainda que a figueira não floresça, nem haja fruto na vide; o produto da oliveira minta... todavia, eu me alegro no Senhor..."*
> **Habacuque 3:17-18 (ARA)**

Sempre que vou fazer as despesas do mês oro a Deus pedindo sabedoria para comprar o necessário e gastar de acordo com o valor do orçamento disponível. Isso não é mesquinharia; na verdade, eu chamo isso de usar o recurso com sabedoria.

Ir ao supermercado em dia de promoções, pesquisar aquele sapato que deseja na internet até encontrar em um site mais barato, poupar um pouco por mês para comprar aquele jogo de sofá que tanto deseja ou, então, em vez de parcelar aquela viagem em 10 vezes no cartão e pagar juros, se programar para juntar dinheiro durante um ano e pagar a viagem à vista são atitudes inteligentes que geram economia no nosso orçamento.

Perceba que é possível agir com inteligência no quesito finanças em todas as áreas da nossa vida, seja para comprar as coisas básicas, seja para realizar um sonho. Então, a pergunta que você deve se fazer é: vale a pena agir por impulso e pagar mais caro só para ter o que desejo? E mais: será que Deus se agrada de quem age assim?

Mas também há o outro lado da moeda; ou seja, nem sempre o desafio da nossa vida é controlar a compra por impulso. Em alguns momentos, também passamos ou podemos passar por situações difíceis, quando faltam recursos até para o suprimento básico. Contudo, assim como oramos para Deus nos dar sabedoria para gastar, também devemos recorrer a Ele, orando com fé, para que supra as necessidades quando os recursos terrenos são escassos, pois, assim como não deixou acabar o azeite da viúva pobre, Ele certamente também suprirá as nossas necessidades.

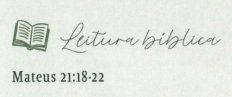

Leitura bíblica

Mateus 21:18-22

✏️ Motivos para agradecer:

_____
_____
_____
_____
_____
_____
_____

✏️ Motivos de intercessão:

_____
_____
_____
_____
_____
_____
_____
_____
_____
_____

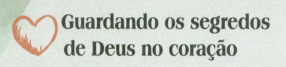

Guardando os segredos de Deus no coração

Você costuma orar a Deus para ajudá-la no seu planejamento financeiro?

_____
_____
_____
_____
_____

Quando vai ao supermercado, costuma pedir orientação ao Senhor para gastar com sabedoria?

_____
_____
_____
_____
_____

> "Poucas coisas testam mais profundamente a espiritualidade de uma pessoa do que a maneira como ela usa o dinheiro."
>
> **JOHN BLANCHARD**

Para Refletir

Como diz o ditado, dinheiro na mão é vendaval. Mas, quando falta o dinheiro, a vida é que se torna um vendaval. No entanto, jamais devemos nos esquecer de que, independentemente da situação, Deus está pronto a nos ajudar, orientar e suprir as nossas necessidades. Por isso vale a pena recorrer a Ele em tudo!

Oração da Semana

Senhor, quero ser uma mulher sábia também no que diz respeito a cuidar das finanças. Por isso, eu oro a ti pedindo que sempre me orientes em tudo o que eu for fazer, seja para uma pequena compra no supermercado, seja para realizar um empreendimento maior, pois sei que, quando tu estás à frente, não apenas supres nossas necessidades, como também realizas nossos sonhos. Por isso confio em ti. Em nome de Jesus, amém!

O quanto essa mensagem falou ao meu coração?

Semana 28
ADMINISTRADORES DO TEMPO

"...Quem é, pois, o mordomo fiel e prudente..."
Lucas 12:42

Para iniciar esta seção, precisamos entender o que é mordomia. A definição de mordomia é: conjunto de bens, tanto materiais quanto espirituais, sobre o qual Deus nos constituiu como administradores. Já o mordomo, por sua vez, é alguém em quem o dono da casa tem plena confiança, uma vez que cabe a ele a administração dos bens do seu senhor. Mas como isso se aplica à nossa vida? A resposta é: de várias maneiras!

Uma das áreas em que temos de saber administrar é o uso do nosso tempo. Por isso, é importante refletir sobre algumas questões:

- Quanto tempo eu passo vendo televisão ou mexendo no celular?
- Quanto tempo eu passo trabalhando?
- Quanto tempo eu passo envolvida em atividades na igreja?
- Quanto tempo eu passo pensando e planejando adquirir coisas?

Todas essas atividades são lícitas, mas o melhor de termos tempo deve ser para o nosso Deus. Quando Jesus ensinou sobre entrar "no teu aposento" (Mateus 6:6), ele estava ensinando sobre a importância do nosso tempo com Deus.

Outra questão sobre a qual devemos pensar é: como temos utilizado os dons que Deus nos deu? Nós os temos usado em favor da obra de Deus, ou os utilizamos para nossa autopromoção? Os dons que Deus nos dá devem ser usados única e exclusivamente para glorificar, engradecer e exaltar o nome de Jesus. Então, se deseja ser um bom mordomo, invista seu tempo em conhecer seu Senhor!

Leitura bíblica

Lucas 12:42-48

✏️ **Motivos para agradecer:**
_____
_____
_____
_____
_____
_____
_____
_____

✏️ **Motivos de intercessão:**
_____
_____
_____
_____
_____
_____
_____
_____
_____
_____

Segredos sobre Mordomia

Guardando os segredos de Deus no coração

Quanto tempo você tem investido em oração? Quanto tempo você dedica para estudo e meditação da Palavra de Deus?

_____
_____
_____
_____
_____

Você participa das reuniões de oração de sua igreja? Você tem participado das vigílias de sua igreja?

_____
_____
_____
_____
_____

> "Todos os cristãos não são mordomos de Deus. Tudo o que temos é um empréstimo do Senhor, que nos foi confiado durante algum tempo para servir a ele."
>
> **JOHN MACARTHUR**

 **Para Refletir**

Não há como ser um bom mordomo sem conhecer os bens do seu senhor. Além disso, é preciso também conhecer a vontade do Senhor e obedecer-lhe, pois o bom mordomo jamais é reprovado, tendo em vista que sempre faz seu trabalho de acordo com a vontade do mestre e administra os bens do seu senhor com maestria.

 **Oração da Semana**

Senhor Deus, quero ser um mordomo que reconheça teu senhorio e administra bem tudo aquilo que tu confias em minhas mãos. Oro para que cada dia eu sinta ainda mais necessidade de entrar no meu quarto e falar contigo, para que tenhamos intimidade e para que eu o coloque à frente de tudo o que fizer. Que meu louvor, que minha pregação, que meus atos voluntários, enfim, que tudo o que colocares em minhas mãos, eu faça com excelência para glorificar o teu nome. Amém!

O quanto essa mensagem falou ao meu coração?

Semana 29
MORDOMO DAS OPORTUNIDADES

> *"Portanto, enquanto temos oportunidade, façamos o bem a todos, especialmente aos da família da fé."*
> **Gálatas 6:10**

Algumas situações são únicas em nossa vida e não devem ser desperdiçadas. Por várias vezes a Palavra de Deus nos orienta a não perdermos as oportunidades. Veja alguns exemplos:

- Oportunidade de evangelizar (João 1:41-42).
- Oportunidade de servir (Gálatas 5:13).
- Oportunidade de perdoar (Efésios 4:32).
- Oportunidade de amar (1João 4:12).
- Oportunidade de socorrer (Lucas 10:25-37).
- Oportunidade de hospedar (Colossenses 4:15).
- Oportunidade de honrar (Efésios 6:2-3).
- Oportunidade para andarmos a segunda milha com alguém (Mateus 5:41).
- Oportunidade para abençoar (Romanos 12:14).
- Oportunidade para ajudar (Romanos 16:2).

Jesus era um homem que não perdia oportunidades em sua vida. Ele sabia ser um bom mordomo das oportunidades.

Assim como ele, devemos aproveitar todas as oportunidades que temos para falar e expressar o amor de Deus. Onde estiver, não perca a oportunidade de ser um abençoador e de honrar aquele que é digno de honra.

Leitura bíblica

Gálatas 6:1-10

Motivos para agradecer:
_____
_____
_____
_____
_____
_____
_____

Motivos de intercessão:
_____
_____
_____
_____
_____
_____
_____
_____

Guardando os segredos de Deus no coração

Quantas oportunidades de fazer a diferença Deus lhe deu nas últimas semanas? Você tem aproveitado essas oportunidades para ser canal de bênção na vida dos que a cercam?

_____
_____
_____
_____
_____

Relate uma situação na qual uma irmã ou irmão foi canal de benção na sua vida. De que forma isso te marcou?

_____
_____
_____
_____
_____
_____

"Não devemos dar apenas o que temos, precisamos dar também o que somos."
JOHN L. MASON

Para Refletir

Todos os dias temos a oportunidade de servir ao Senhor: na condução a caminho do trabalho, na escola ou faculdade, na roda de amigos, e também quando alguém nos aborda na rua pedindo algo para comer. As oportunidades são infinitas e constantes, mas às vezes a vergonha e o medo nos impedem de ser abençoador. Para mudar isso, devemos entrar em oração e pedir ao Senhor um espírito de ousadia, para fazer de cada situação uma oportunidade de glorificar o nome do Senhor.

Oração da Semana

Senhor, concede a mim um espírito de ousadia, para que eu possa servir-te em todas as oportunidades, levando sua Palavra, intercedendo, servindo e abençoando todos aqueles que cruzarem meu caminho. Quero ser alguém que faça a diferença e que propague e viva tua Palavra, glorificando teu nome em tudo o que fizer. Amém.

O quanto essa mensagem falou ao meu coração?

Semana 30
PRIMEIRO, MEU CORAÇÃO

"Estou esquecido no coração deles..."
Salmo 31:12a

Certa vez um pastor, ao convidar sua igreja para consagrar os dízimos e as ofertas, ficou surpreso quando uma criança se aproximou do púlpito e pediu-lhe que colocasse a bandeja onde estavam sendo colocados os envelopes dos dízimos e das ofertas no chão.

O pastor, a princípio, não entendeu, mas perguntou ao menino qual era a sua intenção. O menino, colocando os seus pés dentro da bandeja, respondeu: "Pastor, eu não tenho dinheiro, mas quero entregar o meu coração e consagrar minha vida para servir a Deus". É impossível não se emocionar com a atitude dessa criança, que, mesmo tão pequena, tem um enorme desejo de estar na presença de Deus. Sem dúvida esse é um grande exemplo para nós.

O que acontece é que muitas vezes queremos o melhor de Deus para nossa vida sem perguntar qual é o melhor que temos para ele. Cobramos (erroneamente) o melhor de Deus, "colocando-o contra a parede", exigindo dele as bênçãos que julgamos merecer, mas nos esquecemos de olhar para nós e nos perguntarmos: o que tenho de melhor para oferecer a Deus. Se vou louvar, ensaiarei com dedicação e não aceitarei ofertar menos do que o meu melhor; se for para pregar, estudarei, buscarei a revelação do alto e não aceitarei pregar nada menos do que a mensagem revelada do céu. Quando for evangelizar, não sairei sem antes me consagrar, estudar a Palavra e buscar autoridade de Deus, para que, ao falar, impacte o coração dos ouvintes e dê frutos para a glória do Senhor. Em tudo o que fizer para o Senhor, jamais aceitarei entregar menos do que o meu melhor. Porque temos de entender que Deus é bom, amoroso e misericordioso e com certeza vai nos fazer felizes em todas as áreas da nossa vida, mas essa felicidade só será plena quando Ele tiver livre acesso à nossa vida e quando, assim como a criança citada no início, nos entregarmos por inteiro como sacrifício vivo ao nosso Salvador.

📖 *Leitura bíblica*

Salmo 31:12a

✏️ **Motivos para agradecer:**
_____
_____
_____
_____
_____
_____
_____
_____

✏️ **Motivos de intercessão:**
_____
_____
_____
_____
_____
_____
_____
_____

Guardando os segredos de Deus no coração

Você tem dado o seu melhor para servir a Deus?

_____
_____
_____
_____
_____

Você tem se dedicado a transmitir para sua família valores como equilíbrio, temperança e domínio próprio? Tem-se entregado a Deus por inteiro ou tem lhe faltado tempo para realizar a obra do Senhor?

_____
_____
_____
_____
_____

"Servir é o transbordar de uma devoção superabundante."
OSWALD CHAMBERS

 Para Refletir

Muitas pessoas, quando têm oportunidade, às vezes dizem: "eu não ensaiei, mas vou louvar para Deus"; "eu não me preparei, nem sei o que vou pregar, mas vou fazer para Deus". Isso é inaceitável, porque Deus sempre nos dá o melhor, pois esse é o padrão dele. Portanto, não aceite ser menos do que tudo quando for oferecer qualquer sacrifício ao Senhor; para isso, ore, estude, ensaie e tenha sempre em mente que o Senhor merece o nosso melhor!

Oração da Semana

Pai querido, oro agora a ti pedindo que derrame sobre mim a tua unção, para que eu possa servir-te com tudo o que sou. Quero ser um canal de bênçãos, te louvar com maestria, pregar a tua Palavra com conhecimento e ousadia, enfim, fazer tudo o que for para ti com o meu melhor. Sei que meu melhor ainda é pouco, então, peço também que me ajudes a melhorar todos os dias, para que cada dia mais teu nome seja glorificado e engrandecido por minha vida. Amém!

O quanto essa mensagem falou ao meu coração?

Semana 31
POUPATEMPO

"...porque tudo passa rapidamente, e nós voamos."
Salmos 90:10b

Não paramos muito para pensar sobre isso, mas o tempo é uma das maiores riquezas que Deus nos deu, e o bom uso dele proporciona nosso bem-estar e de nossa família.

A Bíblia nos ensina que o tempo de nossa vida é muito curto (Salmo 89:47; 90:9-10), e entre todas as tarefas e atividades que exigem nosso tempo, a principal delas deve ser o nosso tempo com Deus. No que diz respeito à nossa comunhão pessoal e diária com Ele, não deve existir um sistema do tipo "Poupatempo", pois o tempo com Deus é o melhor investimento de nossa vida. Em outras palavras, não deve existir a oração expressa, o louvor expresso ou qualquer outra coisa expressa.

Certamente devemos orar em todo tempo, e é claro que Deus ouve as orações rápidas que fazemos e as atende. O que não podemos é reservar para Deus o tempo que nos sobra, o restante, quando já estamos cansados, preocupados com outras coisas, e muitas vezes até dormimos durante a oração. Não, Deus deve ser prioridade em nossa vida!

Pense, por exemplo, se o presidente do Brasil batesse hoje à porta de sua casa; você pararia para atendê-lo e passar um tempo com ele? Ou diria que está sem tempo e só conversaria rapidamente? Bom, certamente você pararia todos os seus afazeres para atender essa autoridade. Mas por que com Deus tem de ser diferente? Por que reservamos a Ele apenas o tempo que nos sobra? Pense se, de repente, Jesus não está batendo há muito tempo aí à porta do seu coração e você o está deixando para fora... A oportunidade está aí, e cabe a você recebê-lo em sua vida como um convidado de honra para, assim, desfrutar do melhor que Deus tem para você.

Leitura bíblica

Salmo 90

✏️ **Motivos para agradecer:**
_____
_____
_____
_____
_____
_____
_____
_____
_____

✏️ **Motivos de intercessão:**
_____
_____
_____
_____
_____
_____
_____
_____
_____
_____

Guardando os segredos de Deus no coração

Quanto do seu tempo diário tem sido reservado para falar com o Senhor?

_____
_____
_____
_____
_____

Você tem tratado Deus como uma autoridade, isto é, você sempre para e o ouve falar, ou oferece o que resta do seu tempo para Ele?

_____
_____
_____
_____
_____

"Desde que meu coração foi tocado, creio que nunca me despertei do sono, na doença ou na saúde, de dia ou de noite, sem que meu primeiro pensamento não tenha sido como eu posso servir melhor ao meu Senhor."

ELIZABETH FRY

Para Refletir

Com a facilidade da comunicação virtual, enviamos textos curtos para as pessoas e esperamos respostas instantâneas e breves. Isso se chama superficialidade. O problema é que hoje temos transferido essa superficialidade para nosso relacionamento com Deus, fazendo orações breves, rápidas, sem muitos propósitos, e desejando respostas instantâneas. Mas com Deus não funciona assim, então, ou você encontra tempo para se relacionar com Ele, ou então não deve esperar respostas, pois Ele não merece o que sobra do nosso tempo, e sim a primazia.

Oração da Semana

Eu oro ao Senhor pedindo que tome o primeiro lugar no meu coração. O relacionamento que desejo contigo é profundo, intenso, não superficial. Meu desejo é buscar tua face e te dar a primazia da minha vida. E jamais permitas que a instantaneidade do mundo retire o meu prazer de estar em tua presença. Amém!

O quanto essa mensagem falou ao meu coração?
♡ ♡ ♡ ♡

Semana 32
QUEM DISSE QUE SERIA FÁCIL?

"Com a sabedoria edifica-se a casa, e com a inteligência ela se firma; pelo conhecimento se encherão as câmaras de toda sorte de bens, preciosos e deleitáveis."
Provérbios 24:3

Edificar um lar não é tarefa fácil, principalmente em um mundo em que as relações estão cada vez mais superficiais e efêmeras. Exige muito trabalho, e trabalho duro. Quem já é casada sabe do que estou falando. O texto de meditação desta semana nos oferece três atitudes que devemos ter para edificar bem a nossa casa:

1) Sabedoria: para formarmos o caráter de nossos filhos, para que eles se tornem cada vez mais parecidos com Jesus, e também para auxiliarmos nossos maridos nas decisões difíceis.

2) Inteligência: para sabermos agir quando surgirem os conflitos e dar a resposta certa aos problemas, apaziguando e criando um ambiente de paz e harmonia no lar.

3) Conhecimento: neste texto, o conhecimento está relacionado com a administração dos bens ou da casa. Uma mulher cheia de conhecimento é uma bênção na vida de sua família, pois vai administrar com sabedoria tudo o que chegar às suas mãos, abençoando assim seu esposo e filhos.

Deus deu à mulher a graça para edificar seu lar, por isso ela deve buscar, como já dito, sabedoria, inteligência e conhecimento. Uma mulher sábia entende que um lar estruturado não nasce pronto, mas que ela recebe de Deus a capacidade de construí-lo dia a dia e estruturá-lo na rocha inabalável, que resiste a toda e qualquer tempestade que a vida trouxer.

Leitura bíblica

Provérbios 24:1-7

✏️ **Motivos para agradecer:**
_____
_____
_____
_____
_____
_____
_____
_____

✏️ **Motivos de intercessão:**
_____
_____
_____
_____
_____
_____
_____
_____
_____

Guardando os segredos de Deus no coração

Qual das atitudes listadas no texto você precisa tomar?

_____
_____
_____
_____
_____
_____

Grande parte dos relacionamentos de hoje é marcada por conflitos. Qual conselho você, como mulher sábia e edificadora, daria para uma irmã ou amiga que estivesse passando por conflitos no casamento ou na família?

_____
_____
_____
_____
_____
_____

"Não ore pedindo uma vida fácil. Ore para ser um homem mais forte. Não ore pedindo uma tarefa equivalente às suas forças. Ore por forças equivalentes às suas tarefas."

PHILLIPS BROOKS

Segredos de Deus para você

 ## Para Refletir

Saber que os relacionamentos não nascem prontos e entender que a mulher tem capacidade para construí-los é o primeiro passo para uma família feliz e equilibrada. Além disso, quem deve pautar os relacionamentos é Deus, pois, assim como Ele é sólido e consistente, seu relacionamento e sua família também serão.

 ## Oração da Semana

Deus, eu oro a ti pedindo sabedoria, inteligência e conhecimento para administrar bem minha família. Que em meu lar eu seja apaziguadora e tenha graça para edificar e solidificar as bases do meu casamento, do meu relacionamento com meus filhos e também com a sociedade. Senhor, quero ser exemplo dentro do meu lar e também para todos aqueles que estão ao meu redor. Em nome de Jesus, amém!

O quanto essa mensagem falou ao meu coração?

Semana 33
COOPERANDO COM DEUS

> *"A mulher sábia edifica a sua casa..."*
> **Provérbios 14:1**

Nós, como pessoas tementes a Deus, temos de considerar nossa relação com Jesus Cristo não só como Salvador, mas também como Senhor de nossa vida. Para podermos viver de acordo com isso e para termos êxito em sermos mordomos daquilo que Deus colocou em nossas mãos para cuidar, administrar e edificar, temos de conhecer bem a vontade do Mestre para nossa vida e para nossa família.

Hoje em dia, os valores tradicionais, como compromisso, fidelidade, honra e respeito, estão sendo banalizados, principalmente pela grande mídia, que coloca todo o oposto como comportamento aceitável. Se pararmos para olhar as novelas atuais, por exemplo, o que mais veremos é adultério, incentivo à sensualidade e "objetificação" da mulher, desrespeito aos padrões morais e muitas outras aberrações.

Em outras palavras, o que tem ocorrido é que os valores de Deus têm sido ignorados, abandonados e substituídos pelos valores imorais do mundo, gerando, como consequência, enormes conflitos familiares e aumento no número de divórcios.

A família tem sido o principal alvo de Satanás hoje, o qual deseja, de todas as maneiras, destruí-la, pois ele sabe que, se a família for destruída, consequentemente a sociedade também será. Por isso, você deve ser como mordomo, designado para cooperar com Deus na edificação da sua família e ajudar outras pessoas a fazê-lo.

Resumindo, a edificação de uma família, a construção de um relacionamento conjugal e a educação dos filhos não são coisas que acontecem do dia para noite. Pelo contrário, exigem muito investimento de tempo, oração, dedicação, compreensão e muita graça de Deus. Mas, mesmo não sendo fácil, com certeza vale a pena o investimento, pois não há valor que pague uma família estruturada em Deus.

Leitura bíblica

Provérbios 14

✏️ **Motivos para agradecer:**
_____
_____
_____
_____
_____
_____
_____
_____

✏️ **Motivos de intercessão:**
_____
_____
_____
_____
_____
_____
_____
_____

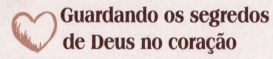 Guardando os segredos de Deus no coração

Conhecendo o plano de Deus para a sua família, como você pode fazer a sua parte, cooperando com Ele na edificação da sua casa?

_____
_____
_____
_____
_____
_____

De que modo podemos combater as investidas do inimigo contra a família?

_____
_____
_____
_____
_____

"Nós fazemos as obras, mas Deus opera em nós a realização das obras."
AGOSTINHO DE HIPONA

Para Refletir

Os ataques do inimigo contra a família e contra os padrões morais de Deus têm sido cada vez maiores. Pela influência da grande mídia, que promove todo tipo de imoralidade como novo padrão, muitas pessoas têm caído nas ciladas do inimigo e cometido pecados contra Deus, destruindo, assim, as bases da família. Mas a igreja está aqui nesta terra com o propósito de lutar pelos padrões e propagar para o mundo o verdadeiro padrão moral, aceitável e edificador das famílias: o padrão de Deus!

Oração da Semana

Senhor, quero fazer a diferença neste mundo e na vida das famílias que vivem nesta era. Quero ser instrumento para restaurar casamentos, edificar relacionamentos e levar a tua luz para aqueles lares que estão envoltos em trevas. Usa-me para propagar a libertação para as vidas cativas do pecado e da imoralidade, sendo o mordomo que leva a elas teu perfeito padrão moral e edificador. Amém.

O quanto essa mensagem falou ao meu coração?
♡ ♡ ♡ ♡

Semana 34
OFERTA É UM ATO DE AMOR

"Agora, quem hoje está disposto a ofertar dádivas ao Senhor?"
1Crônicas 29:5

O pensamento mais comum do ser humano hoje é: "O que eu posso ganhar com isso?"; "O que eu vou conseguir em troca?"; "O que eu vou lucrar?"; "Eu tenho de levar vantagem em tudo". E esse tipo de pensamento penetra em todos os níveis dos relacionamentos (negócios, projetos, família, igreja, entre outros). Um dos verbos preferidos das pessoas é TER.

Há, porém, uma verdade de Deus que desafia esse tipo de pensamento. Em João 3:16 (ACF), a Palavra diz: "Porque Deus amou o mundo de tal maneira que DEU o seu Filho unigênito...". Como podemos ver, diferentemente do ser humano, o verbo preferido de Deus é DAR.

Como discípulos de Jesus, temos de nortear nossos pensamentos e comportamentos pelo DAR, e não pelo TER. Paulo, em 2Coríntios 8:1-4, diz aos irmãos e irmãs da Macedônia que muitos DERAM, mesmo na pobreza, porque tinham se DOADO primeiro ao Senhor. Em outras palavras, jamais devemos ter qualquer tipo de relacionamento por interesse ou pensando em quais vantagens teremos como fruto dessa relação. Pelo contrário: devemos balizar nossos relacionamentos naquilo que podemos oferecer, pois, assim como Deus, nossa prioridade deve ser aquilo que podemos oferecer e como podemos transformar a vida das pessoas.

Se você quer ter comunhão com o Mestre, não há como fugir desse princípio de Deus, que é levar as boas-novas que recebemos aos corações carentes e necessitados de alguém que faça diferença em sua vida. E esse alguém é você, mulher virtuosa, escolhida para levar o evangelho do Senhor aos corações carentes. Então, não perca tempo e comece a compartilhar as boas novas do evangelho.

Leitura bíblica

2Coríntios 8:1-4

Motivos para agradecer:
_____
_____
_____
_____
_____
_____
_____
_____

Motivos de intercessão:
_____
_____
_____
_____
_____
_____
_____
_____

Guardando os segredos de Deus no coração

"...na sinceridade de meu coração, dei voluntariamente todas estas coisas..." (1Crônicas 29:17). Você pode fazer essa mesma declaração que Davi fez?

✎ _____
_____
_____
_____

Todos nós temos algo em que somos realmente bons: alguns têm habilidades manuais, outros facilidade para se comunicar etc. Em sua opinião, qual das habilidades que possui você pode ofertar aos que estão próximos a você?

✎ _____
_____
_____
_____
_____
_____

> "Não há ninguém que tenha tanto, que não precise pedir; nem alguém que tenha tão pouco, que não possa dar."
> **MAGDALENA LEA**

 Para Refletir

Nós realmente somos diferentes do mundo; enquanto as pessoas que não servem a Deus estão tecendo seus relacionamentos pensando em obter vantagens, nós devemos sempre pensar em ofertar, em levar as boas-novas do evangelho do Senhor para os corações necessitados. Fazendo isso, certamente as bênçãos do Senhor virão sobre nós.

Oração da Semana

Senhor, dá-me um coração voluntário, que me faça sentir a necessidade do meu irmão e com ele compartilhar aquilo que tenho. Que eu tenha prazer em ofertar e ajudar os necessitados, e que eu sempre espere em ti para suprir as minhas necessidades. Assim eu oro a ti, em nome de Jesus. Amém.

O quanto essa mensagem falou ao meu coração?

Semana 35
PARA DEUS NUNCA É DEMAIS

> *"Os discípulos, ao verem isso, ficaram indignados e perguntaram:*
> *"Por que este desperdício?"*
> **Mateus 26:8**

Imagine que, por ser muito grato a alguém, você compre um perfume importado, um dos mais caros que estão à venda, e presenteie essa pessoa. Imagine ainda que essa pessoa nem é tão próxima assim de você, mas o que ela fez marcou profundamente sua vida, pois era sua maior necessidade naquele momento. O que você acha que seus colegas e sua família pensariam disso? Será que todos entenderiam o quanto a atitude daquela pessoa foi importante para você? Ou será que a criticariam por gastar tanto dinheiro com alguém que nem faz parte do seu círculo de amigos? Bem, é mais ou menos isso que aconteceu com essa mulher do capítulo 26 de Mateus.

Nessa passagem da epígrafe, vemos uma mulher que experimentou uma grande e poderosa salvação, recebeu o perdão de Deus (vida nova, restauração) e agora – em favor do seu Mestre Jesus – estava decidida a usar tudo o que tinha de mais precioso, mas foi criticada por tomar essa decisão.

Algumas pessoas não entendem, e às vezes até nos criticam e nos julgam, inclusive as que mais amamos, quando nos veem consagrando a Deus aquilo que temos de melhor. Elas não entendem que o que fazemos – por exemplo, a consagração de nossos dízimos e das nossas ofertas, do nosso tempo no ministério, nosso envolvimento de forma voluntária com as coisas de Deus – é uma resposta ao grande amor que temos por Deus.

Independentemente do que as pessoas pensem ou falem, jamais podemos deixar de entregar nosso melhor para Deus, porque nada do que fizermos para Deus será demais, principalmente se compararmos com todas as bênçãos e os milagres do Senhor.

Leitura bíblica

Mateus 26:6-13

✎ Motivos para agradecer:
___
___
___
___
___
___
___
___

✎ Motivos de intercessão:
___
___
___
___
___
___
___
___
___

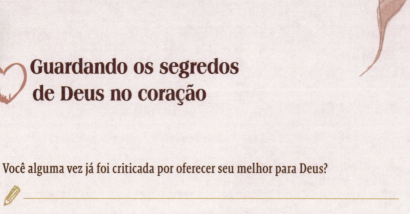

Guardando os segredos de Deus no coração

Você alguma vez já foi criticada por oferecer seu melhor para Deus?

_____
_____
_____
_____
_____
_____

Como você reage diante das críticas à maneira como você serve a Deus?

_____
_____
_____
_____
_____
_____

"O trabalho mais simples para Jesus tem mais valor do que a dignidade de um imperador."

C. H. SPURGEON

Para Refletir

Aquela mulher foi criticada por dar o seu melhor para Jesus. Mas talvez o que mais tenha doído foi que a crítica veio dos próprios discípulos de Jesus, que não entenderam o ato dela. No entanto, Jesus os repreendeu e ainda utilizou a atitude da mulher para ensinar a todos os presentes sobre a importância de dar o melhor para Deus. Ainda que não entendam o que fazemos para Deus, devemos continuar ofertando a Ele nossos melhores dons, talentos, nossas melhores ofertas, enfim, todo o nosso melhor!

Oração da Semana

Senhor, quero continuar ofertando a ti tudo o que tenho de melhor. Assim como aquela mulher, que não se importou com a circunstância nem com os que estavam presentes, quero olhar somente para ti e demonstrar minha gratidão e fortalecer minha comunhão contigo. Em nome de Jesus, amém!

O quanto essa mensagem falou ao meu coração?

Semana 36
MORDOMO DOS OLHOS

"Os olhos são a candeia do corpo. Se os seus olhos forem bons, todo o seu corpo será cheio de luz."
Mateus 6:22

Nenhum pecado cometido ocorre instantaneamente; quando alguém chega ao ponto de cometer um pecado, é porque isso já foi arquitetado em sua mente. Na Bíblia, os olhos são mencionados como porta de entrada para o nosso coração e mente. Tiago 1:4 nos ensina que somos tentados pela própria cobiça, e esta começa com os olhos, pois dificilmente alguém cobiça o que os olhos não veem.

A Bíblia nos dá várias advertências quanto ao uso dos nossos olhos. Veja alguns exemplos de "olhares" que devemos evitar:

- "Não olhar para o vinho" (Provérbios 23:31).
- "Olhos cheios de adultério" (2Pedro 2:14).
- "Olhar para trás, com saudade da velha vida" (Lucas 9:62).
- "Não olhar para nenhum tipo de ocultismo" (Deuteronômio 4:19).

Além de afastar-nos de Deus, o pecado traz terríveis consequências, como vemos posteriormente na história de Davi. Talvez não consigamos evitar o "ver", mas, neste momento, em vez de alimentar a concupiscência, devemos clamar o sangue de Jesus, que nos fortalece para resistir e nos afastarmos do pecado.

Segredos de Deus para você

Leitura bíblica

Mateus 6:22

✏️ **Motivos para agradecer:**
___
___
___
___
___
___
___
___

✏️ **Motivos de intercessão:**
___
___
___
___
___
___
___
___
___
___

Guardando os segredos de Deus no coração

Segundo o texto de meditação desta semana, se os nossos olhos forem bons, todo o nosso corpo será luminoso. Se você pudesse medir o tipo de luminosidade de seu corpo, como ele estaria refletindo: brilhante, muito brilhante ou resplandecente?

_____
_____
_____
_____
_____
_____

Quais são os perigos que corremos quando deixamos de nos dedicar a Deus e à sua obra e damos uma "relaxada"?

_____
_____
_____
_____
_____
_____

"Mordomia não é o ato de deixar uma gorjeta sobre a mesa de Deus; é a confissão de uma dívida impagável contraída no Calvário."

PAUL S. REES

 Para Refletir

O pecado de Davi trouxe sérias consequências para sua vida: sua filha Tamar foi estuprada por seu meio-irmão Amnom; Absalão, outro filho de Davi, matou Amnon. Isso mostra que o pecado não traz problemas apenas para os envolvidos no ato, mas também pode destruir os que estão ao redor, a família, os filhos, a igreja. Não podemos evitar que sejamos tentados pelo pecado, mas devemos clamar a Deus para nos ajudar a vencer a tentação que vem pelos nossos olhos.

Oração da Semana

Senhor, santifica meus olhos para que eles resistam a toda a concupiscência da carne. Ajuda-me a, diante da tentação, voltar meus olhos para ti e resistir a toda tentação deste mundo, pois quero glorificar-te em tudo. Ajuda-me a, assim como o Senhor venceu a tentação no deserto, seguir teu exemplo e, quando for tentado, evocar a tua Palavra para vencer a tentação. Amém.

O quanto essa mensagem falou ao meu coração?

Segredos sobre Generosidade

DAR COM ALEGRIA

> *"...pois Deus ama quem dá com alegria."*
> **2Coríntios 9:7**

Sabemos que o maravilhoso amor de Deus se evidenciou a toda a humanidade quando Ele deu seu filho unigênito para salvar de todo aquele que nele crê (João 3:16). Você já parou para pensar no profundo significado disso? Ele deu seu filho. Você teria coragem de entregar um filho seu para salvar um desconhecido que cometeu um crime e está condenado à morte? Daria seu filho para morrer no lugar desse criminoso? Com certeza não. Mas isso nos deve fazer refletir sobre a profundidade do significado de Deus "dar" seu filho para morrer pela humanidade. Foi um ato que demonstra um amor incomparável e imensurável, e somos o alvo desse amor!

Mas qual o significado da palavra "dar"? Ela possui vários sentidos: doar, presentear, entregar, conceder. Se pensarmos novamente em João 3:16, podemos concluir que Deus nos deu um grande presente – na verdade, o melhor presente que poderíamos receber – quando enviou seu filho a este mundo. Jesus nos ensinou que, mesmo sendo filho de Deus, sua função era servir.

Se Deus chegou ao extremo de entregar seu filho para nos provar seu amor, podemos concluir que Ele quer que ajamos semelhantemente a Ele; não entregando nossos filhos, mas expressando nosso amor ao próximo e levando as maravilhosas boas-novas de Cristo aos corações entristecidos e escravizados pelo pecado. Quando doamos algo material, evidenciamos nosso desprendimento e mostramos que, assim como Deus nos amou, estamos replicando esse sentimento maravilhoso e, consequentemente, evidenciando que dependemos de Deus em tudo, pois ele é Jeová Jireh, o Deus Provedor.

Que possamos experimentar a alegria de poder presentear, dar ou suprir as necessidades de alguém e sentir seu amor no exercício de dar com alegria!

Leitura bíblica

2Coríntios 9:6-15

✏️ **Motivos para agradecer:**
_____
_____
_____
_____
_____
_____
_____

✏️ **Motivos de intercessão:**
_____
_____
_____
_____
_____
_____
_____

Guardando os segredos de Deus no coração

Se você é abordada por um morador de rua ou um necessitado, que vem lhe pedir alguma coisa para comer, como você reage?

✏️ _____
_____
_____
_____
_____

Você tem procurado saber quais são as necessidades dos que congregam com você e se esforçado para suprir as necessidades dessas pessoas?

✏️ _____
_____
_____
_____
_____

> *"O cristão deve demonstrar pela compaixão o mesmo interesse que demonstra pelas doutrinas."*
> JOHN BLANCHARD

Para Refletir

Quando damos um presente a alguém, além de estarmos glorificando a Deus e declarando que somos abençoados, por isso podemos presentear, estamos também manifestando o amor de Deus para o nosso próximo. Todas as vezes que for presentear alguém, escolha com muito carinho, lembrando que esse ato agrada a Deus e evidencia o amor dele em e por meio de sua vida.

Oração da Semana

Grandioso Deus, peço a ti graça para poder compartilhar com meus irmãos todas as bênçãos que o Senhor tem me dado. Assim como tu deste teu filho amado para a remissão dos nossos pecados e trouxeste alegria ao meu coração, quero eu não apenas ter alegria, mas também levar alegria aos corações necessitados, dando aquilo que de melhor eu puder e alegrando o coração dos meus irmãos. Amém.

O quanto essa mensagem falou ao meu coração?

♡ ♡ ♡ ♡ ♡

Semana 38
INSTRUMENTOS DE DEUS PARA ABENÇOAR

> "Quanto lhe for possível, não deixe de fazer o bem a quem dele precisa."
> **Provérbios 3:27**

Você já parou para ouvir uma grande orquestra se apresentando? É lindo ver todos aqueles instrumentos, cada um com a sua função, seu timbre, atuando no seu devido tempo e compondo uma linda sinfonia ao som de cada um deles! Por outro lado, se os instrumentos estiverem desafinados ou se os músicos não tocarem em sintonia, ou, ainda, se tocarem notas diferentes das que estão na partitura, o resultado será um show de horrores, e não mais do que uma sequência de barulhos.

Você e eu também fazemos parte da grande orquestra do regente maior, que é Deus, e estamos aqui porque temos a responsabilidade de abençoar a Terra por meio da prática de boas obras. Em outras palavras, são as nossas boas obras que, somadas, emanam um som orquestral harmônico, cuja música louva e glorifica o nosso Deus.

Por esse motivo, não podemos ficar omissos, fazer de conta que nada está acontecendo com nosso irmão e esperar que a provisão venha de outra parte que não seja de nós. E, se temos a oportunidade de fazer o bem hoje, devemos fazê-lo, pois, quando não fazemos, perdemos o privilégio de abençoar e de sermos abençoados, porque deixamos de cumprir a Palavra de Deus, que tão claramente nos ensina a fazer o bem.

Portanto, não perca a oportunidade de fazer o bem hoje, pois isso deve ser uma decisão, e não um sentimento! Além de não reter o pão, o dinheiro, a roupa a alguém que necessite, tampouco devemos reter um elogio, uma palavra de encorajamento, um toque, pois tudo isso está em nossas mãos! Podemos decidir reter ou não essas coisas, e essa é uma decisão somente nossa, mas, se decidimos compartilhar, estamos obedecendo a um mandamento de Deus e agradando ao nosso Senhor.

Segredos de Deus para você

Leitura bíblica

Romanos 12

✏️ Motivos para agradecer:

✏️ Motivos de intercessão:

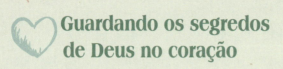

Guardando os segredos de Deus no coração

Você tem se colocado na posição de instrumento de Deus para ser abençoadora?

Como vimos, nem sempre as necessidades são de coisas físicas; às vezes, nossos irmãos têm necessidade de um elogio, de um abraço ou mesmo de um sorriso. Diante desse contexto, com que frequência você deve praticar essas ações com as pessoas com quem convive?

"Só quem tem coração quebrantado é capaz de levar outros ao quebrantamento."
LEONARD RAVENHILL

Para Refletir

Ser instrumento de Deus para compor essa grande orquestra que leva o som do alto ao mundo em trevas é um imenso privilégio. E, como foi dito, isso está em suas mãos. Deus o escolheu para compor a orquestra, mas a atitude de pegar o instrumento e colocar em prática a ação abençoadora só depende de você. Em outras palavras, o mínimo que Deus espera de você é que tome seu instrumento e faça a diferença neste mundo, refletindo o grande amor do nosso Pai.

Oração da Semana

Amado Jesus, quero, com muita alegria, compor essa maravilhosa orquestra regida por ti, para poder tocar o coração e a alma das pessoas. Quero ser um instrumento que emite um som agradável a ti, fazendo a diferença na vida de todos que estão ao meu redor. Quero, nas notas das canções abençoadoras, refletir teu imenso amor e também minha gratidão a ti por todos os benefícios que recebi. Amém.

O quanto essa mensagem falou ao meu coração?
♡ ♡ ♡ ♡ ♡

Semana 39
REPARTINDO COM O PRÓXIMO

"Em tudo o que fiz, mostrei-lhes que mediante trabalho árduo devemos ajudar os fracos, lembrando as palavras do próprio Senhor Jesus, que disse: 'Há maior felicidade em dar do que em receber.'"

Atos 20:35

Você já parou para olhar seu guarda-roupa para ver quantas roupas já não usa mais? Nós sempre queremos ter roupas e sapatos novos, e isso é bom, mas às vezes acumulamos coisas que ficam paradas sem uso. Para alguns, é difícil se desapegar, mas devemos sempre nos lembrar de que aquilo que não queremos mais usar pode ser uma bênção na vida de outra pessoa.

Olhando para a Bíblia, vemos que o apóstolo Paulo foi um grande exemplo de uma vida de doação, e seu conselho (o da epígrafe deste capítulo) deve ser seguido por cada um de nós que amamos a Cristo, este sim nosso exemplo supremo. Ajudar, seja doando o que temos e já não usamos, seja comprando algo para alguém, é uma atitude louvável, agrada a quem recebe e honra a Deus, pois praticamos a bondade com o próximo.

Uma noite em nossa comunidade, uma senhora procurou-me para fazer uma doação de uma roupa de bebê que ela caprichosamente havia feito para entregar a uma gestante carente. Conheço as dificuldades que aquela irmã vive, mas ela me entregou o presente com um sorriso muito bonito no rosto, oferecendo o que ela tinha de melhor para abençoar aquela futura mamãe.

O que ela fez foi usar suas habilidades manuais para abençoar o próximo, e ofereceu aquele presente com espontaneidade e sinceridade. Eu não tenho dúvidas de que aquela roupa de bebê levará bênção para a mãe que recebeu o presente, mas tenho ainda mais certeza de ela foi muito mais abençoada do que a própria pessoa que recebeu a doação, porque, como a Bíblia nos ensina, "há maior felicidade em dar do que receber".

Leitura bíblica

Atos 20:32-38

✏️ Motivos para agradecer:

_____
_____
_____
_____
_____
_____
_____
_____

✏️ Motivos de intercessão:

_____
_____
_____
_____
_____
_____
_____
_____

Guardando os segredos de Deus no coração

Você costuma fazer doações para os mais necessitados?

/_____
_____
_____
_____
_____

Quais estratégias você utilizaria para convencer as pessoas com quem convive da necessidade de ajudar o próximo?

/_____
_____
_____
_____
_____

"Deus nos deu duas mãos: uma para receber e outra para dar. Não somos cisternas feitas para acumular; mas tubos para compartilhar."
BILLY GRAHAM

Para Refletir

Ajudar o próximo é mais fácil do que parece. Muitas vezes, aquilo de que já não gostamos ou que não nos serve mais pode ser uma grande bênção para alguém próximo a nós. Mas, ao fazer isso, faça-o de coração e com sinceridade e certamente atrairá muitas bênçãos do Senhor para sua vida.

Oração da Semana

Deus, primeiramente gostaria de agradecer a ti por tudo que tens me dado e por teres me abençoado nesta Terra. Peço a ti que jamais me deixes ficar indiferente às necessidades dos meus irmãos; antes, dá-me graça para ajudá-los e, dentro das minhas possibilidades, fazer a diferença na vida dos que me cercam. Em nome de Jesus, amém!

O quanto essa mensagem falou ao meu coração?
♡ ♡ ♡ ♡ ♡

Semana 40
COMPAIXÃO OU DÓ?

"Mas um samaritano, estando de viagem, chegou onde se encontrava o homem e, quando o viu, teve piedade dele."
Lucas 10:33

Pela lógica humana todos nós, seres humanos, esperamos que o óbvio aconteça para solucionar situações inesperadas de nossa vida. Por exemplo, quando estamos em dificuldades e contamos o problema a um amigo, esperamos que ele se prontifique a nos ajudar ou nos dar uma solução, não é? Bem, o óbvio não é tão óbvio assim.

A Bíblia conta a história de um homem de Jerusalém que viajava para Jericó. No meio do caminho, foi surpreendido por salteadores, que o espancaram, tiraram sua bagagem e o deixaram desfalecido no chão. Quando viu o primeiro homem passando pelo caminho, talvez tenha pensado: "ele certamente me ajudará"; mas isso não aconteceu. O segundo homem passou pelo local e pode ser que ele tenha pensado: "este certamente vai me ajudar"; mas o homem fez vista grossa e não o ajudou. O pior é que esses dois eram seus conterrâneos, mas isso não foi suficiente para que o ajudassem.

Mas foi então que o improvável aconteceu. Pelo caminho passou um samaritano, e seu povo não se dava com os judeus. O mais óbvio, principalmente depois que o sacerdote e o levita passaram por ele e não o ajudaram, seria que o samaritano fizesse o mesmo. Mas não foi o que aconteceu: quem parou para ajudá-lo foi ele, um homem que pertencia a um povo que os judeus odiavam. Dos três que passaram ali, apenas ele sentiu compaixão pelo homem que havia sido assaltado e não somente o socorreu, como também se propôs a ajudar com tudo o que ele precisasse.

Que possamos seguir o exemplo do bom samaritano, e, assim como ele, sermos movidos de íntima compaixão, um sentimento que não se aquieta enquanto a necessidade do outro não é suprida.

Segredos de Deus para você

Leitura bíblica

Lucas 10:25-37

✏️ Motivos para agradecer:
_____
_____
_____
_____
_____
_____
_____
_____

✏️ Motivos de intercessão:
_____
_____
_____
_____
_____
_____
_____
_____

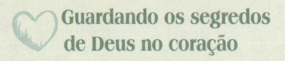
Guardando os segredos de Deus no coração

A partir da mensagem apresentada neste texto, como você definiria "compaixão"?

_____
_____
_____
_____
_____

Qual tem sido seu sentimento com relação à necessidade do próximo? Será que você tem sentido apenas dó e pesar, ou tem sido levado à ação pela compaixão?

_____
_____
_____
_____
_____

"O amor que concedemos aos necessitados produzirá resultados que durarão para sempre."
BARBARA JOHNSON

Para Refletir

A tendência da sociedade atual é ficar cada vez mais indiferente às necessidades daqueles que nos rodeiam. Muitos andam pela cidade e já não sentem mais compaixão pelos moradores de rua; veem pessoas sofrendo, doentes, e não se compadecem delas. Diante disso, é hora de fazermos uma autoavaliação para ter certeza de que o amor do nosso coração não se esfriou e que a dor do meu próximo ainda me incomoda e me faz agir.

Oração da Semana

Senhor, não permitas que eu me torne indiferente às dores dos meus irmãos e aos gritos de socorro das almas. Em vez disso, que eu tenha sempre um coração quebrantado e possa fazer da dor do meu irmão a minha dor, orando por ele e também o ajudando. Em nome de Jesus, amém.

O quanto essa mensagem falou ao meu coração?
♡ ♡ ♡ ♡ ♡

Semana 41
A GRATIDÃO PROMOVE LIVRAMENTO

"No entanto, aqueles homens foram muito bons para conosco. Não nos maltrataram, e, durante todo o tempo em que estivemos com eles nos campos, nada perdemos."

1Samuel 25:15

Que comentário abençoado! O que vemos no texto da epígrafe é alguém que, em meio a uma guerra, sentiu gratidão por ter sido bem tratado. Mas vamos contextualizar o que aconteceu. Davi estava no deserto de Maom, cidade onde morava Nabal, um homem rude e mau, e sua esposa Abigail, uma mulher inteligente e bonita. Ao saber que Nabal estava tosquiando as ovelhas, enviou dez homens para lhe entregar a mensagem que encontramos em 1Samuel 25:4-7.

A resposta de Nabal foi, podemos dizer, "despeitada": "Quem é Davi? Quem é esse filho de Jessé? Hoje em dia muitos servos estão fugindo de seus senhores. Por que deveria eu pegar meu pão e minha água, e a carne do gado que abati para meus tosquiadores, e dá-los a homens que vêm não se sabe de onde?"

Quando soube da resposta de Nabal, Davi enfureceu-se de tal forma que desejou matá-lo, assim como todos os seus servos. Infelizmente, Davi saiu da vontade de Deus para fazer sua própria vontade (Provérbios 3:5), mas nunca devemos agir assim. Em meio à confusão estabelecida, um dos servos de Nabal procurou Abigail e lhe falou de como ele e seus companheiros haviam sido cuidados pelos homens de Davi em outro momento, o que transformou aquele quadro de guerra numa porta aberta para todos. Imediatamente após ouvir o relato de seus servos, que demonstraram gratidão, Abigail preparou o suprimento e foi ao encontro de Davi (1Samuel 25:18-31). Como mostra a história, o sentimento de gratidão dos servos motivou Abigail e evitou um grande derramamento de sangue. E tudo isso aconteceu por causa da gratidão. Isso nos mostra que, em todo o tempo, não há outro caminho senão dar graças a Deus em tudo (Efésios 5:20).

Segredos de Deus para você

Leitura bíblica

Provérbios 24:1-7

✏️ **Motivos para agradecer:**
___
___
___
___
___
___
___
___

✏️ **Motivos de intercessão:**
___
___
___
___
___
___
___
___
___
___

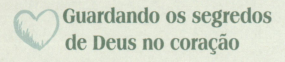 Guardando os segredos de Deus no coração

Você se lembra de alguma situação em que recebeu ajuda de alguém que marcou sua vida?

_____
_____
_____
_____
_____

Como está o seu espírito de gratidão? Será que os comentários que você tem feito a respeito de sua vida têm transformado circunstâncias difíceis em portas abertas para o agir de Deus?

_____
_____
_____
_____
_____

"Deem graças em todas as circunstâncias, pois esta é a vontade de Deus para vocês em Cristo Jesus."

1TESSALONICENSES 5:18

Para Refletir

A ingratidão é uma das piores coisas que podemos vivenciar, até porque dificilmente seremos atendidos quando precisarmos novamente. Por outro lado, quando somos gratos, motivamos o coração de quem nos ajudou e, principalmente, honramos a Deus, demonstrando a Ele que reconhecemos sua providência.

Oração da Semana

Senhor Jesus, dá-me um coração grato, um coração que reconheça as atitudes de bondade dos meus irmãos e também o seu imenso cuidado. E que eu seja grato não apenas pelos grandes milagres, pela realização do impossível, mas também nas pequenas coisas. Sou grato por todos os dias acordar e poder me alegrar porque, entre tantos caminhos, escolhi te servir. Obrigada por poder sentir em meu coração a alegria da salvação. Em nome de Jesus, amém!

O quanto essa mensagem falou ao meu coração?
♡ ♡ ♡ ♡

Semana 42
OFERECER O QUE É SEU

"Jônatas tirou o manto que estava vestindo e o deu a Davi, com sua túnica, e até sua espada, seu arco e seu cinturão."
1Samuel 18:4

Nos dias atuais, na era em que "ter" é melhor que "ser", acaba sendo comum as pessoas serem egoístas. E mais: o ser humano tem a tendência de valorizar aquilo que é propriamente seu, por isso não é raro que uma das primeiras palavras que um bebê balbucia é "meu", "minha", "me dá".

Todos nós sabemos que o egoísmo do ser humano é consequência do pecado cometido lá no Éden no princípio de todas as coisas. No entanto, vale a pena ressaltar que isso privou o homem de experimentar uma das características mais fortes do caráter de Deus, que é "dar" (João 3:16). O egoísmo hoje em dia é tão comum que, infelizmente, quando vimos alguém agindo de maneira generosa, isso pode até soar estranho para alguns. Tanto que pessoas que praticam boas ações acabam se tornando notícias no jornal.

Vamos olhar agora para um exemplo bíblico, o de Jônatas. Esse jovem guerreiro era alguém que cuidava muito bem de seus pertences, pois precisava cuidar bem de sua armadura, sua espada e seu arco para estar sempre preparado para uma próxima batalha. Contudo, isso não o impediu de demonstrar amor e consideração ao próximo quando doou o que lhe pertencia, ensinando ao seu amigo a importância de oferecer o que é "propriamente seu" (Filipenses 2:4).

Esse ato simples foi a representação de uma grande amizade que havia entre ele e Davi, tanto que ele manteve seu amigo consigo e não o deixou voltar à casa de seu pai. Esse ato nos ensina que, mais importante do que ter, é o ato sublime de poder compartilhar, de ser generoso, pois feliz é aquele que tem o prazer de compartilhar.

Segredos de Deus para você

Leitura bíblica

1Samuel 18:1-5

Motivos para agradecer:
_____
_____
_____
_____
_____
_____
_____
_____

Motivos de intercessão:
_____
_____
_____
_____
_____
_____
_____
_____

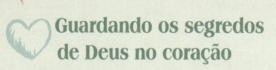
Guardando os segredos de Deus no coração

Como podemos dividir o que é nosso mesmo que essas coisas tenham um grande significado para nós?

✎ _____
_____
_____
_____
_____

Uma vez tive a oportunidade de doar uma jaqueta muito especial para mim. Fiz com alegria e experimentei estar desprendida do que é propriamente meu para servir o meu próximo. Você já praticou algum ato assim? Como se sentiu?

✎ _____
_____
_____
_____
_____

"Não se esqueçam de fazer o bem e de repartir com os outros o que vocês têm, pois de tais sacrifícios Deus se agrada."

HEBREUS 13:16

Para Refletir

Infelizmente, o egoísmo é algo muito comum nos dias de hoje. Mas nós, como cristãos, devemos ser e fazer a diferença, lembrando que melhor é dar do que receber, pois, quando nosso coração se move de compaixão para ajudar alguém, estamos não somente suprindo uma necessidade e alegrando um coração, mas também agradando a Deus.

Oração da Semana

Senhor, não deixe que meu coração seja tomado pelo egoísmo; antes, quero ter um coração cheio de compaixão e que sente prazer em abençoar. Por isso, peço que encha meu coração de teu amor para que eu possa ser uma abençoadora e resplandecer tua presença em minha vida. Em nome de Jesus, amém!

O quanto essa mensagem falou ao meu coração?

Semana 43
COLOCANDO-SE NO LUGAR DO OUTRO

> *"Assim, em tudo, façam aos outros o que vocês querem que eles lhes façam; pois esta é a Lei e os Profetas."*
> **Mateus 7:12**

Gostamos muito de receber carinho, afeto, amor e outras coisas que fazem bem não só à nossa alma, mas também ao corpo. Fala a verdade: não é gostoso quando ganhamos um sapato novo ou uma blusa diferente? Isso nos faz muito bem, não é? Mas que tal deixar que outras pessoas que não têm condições nenhuma provem dessas sensações de bem-estar?

Você deve pensar a grande diferença que um sorriso, alguns elogios e um abraço podem proporcionar na vida daqueles que o recebem. Talvez isso para você seja comum e faça parte de seu dia a dia, mas tente se colocar no lugar daqueles que não recebem essas demonstrações de carinho. Agora, em vez de ficar apenas no pensamento, o que acha de proporcionar alguns momentos de alegria para essas pessoas?

Ao se colocar no lugar do outro, você pode fazer a diferença na vida de alguém. Certo dia, recebi um telefonema de uma instituição de crianças portadoras de deficiência física pedindo uma contribuição. Em outro tempo eu diria "Agora não vai dar", ou "Eu já ajudo uma fundação", mas decidi me colocar no lugar de uma das mães daquelas crianças e senti como seria importante para ela e seu filho se minha resposta fosse "sim".

Naquele momento, o que me motivou a responder afirmativamente foi o fato de que me lembrei das palavras de Jesus que coloquei na epígrafe. Eu agi segundo a vontade de Deus porque a palavra dele estava em meu coração. Portanto, medite na palavra do Senhor e a guarde em seu coração, pois ela te motivará e a impulsionará a fazer a vontade do mestre e, consequentemente, fazer a diferença na vida das pessoas.

Leitura bíblica

Mateus 7:7-12

✏️ Motivos para agradecer:
_____
_____
_____
_____
_____
_____
_____
_____
_____
_____

✏️ Motivos de intercessão:
_____
_____
_____
_____
_____
_____
_____
_____
_____
_____

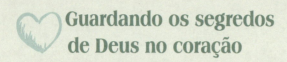

Guardando os segredos de Deus no coração

Você tem praticado o bem assim como tem recebido? Tem dado presentes assim como tem sido presenteado?

_____
_____
_____
_____
_____
_____

Você tem se colocado no lugar do seu próximo para sentir a necessidade dele?

_____
_____
_____
_____
_____
_____

"Alegrem-se com os que se alegram; chorem com os que choram. Tenham uma mesma atitude uns para com os outros."

ROMANOS 12:15,16

 Para Refletir

Hoje em dia, fala-se muito em empatia, que é colocar-se no lugar do outro. Mas pouco tem se praticado isso. Todavia, nós, cristãos, devemos não apenas ter claro o conceito de empatia, mas devemos, antes de tudo, praticá-la, sempre nos colocando no lugar do nosso próximo e principalmente sentindo as dores deles, pois, quando fazemos isso, nosso coração é impulsionado a praticar boas obras.

Oração da Semana

Senhor, ajude-me a ser mais empático e de fato sentir a dor dos meus irmãos. Não permita que eu fique indiferente às dores dos meus irmãos; antes, que eu possa não apenas sentir as dores, mas também praticar as boas ações. Que eu dê mais abraços, que eu possa ter graça para ouvir e compreender meus irmãos, mas também que eu possa alegrar muitos corações com presentes materiais. Em nome de Jesus, amém!

O quanto essa mensagem falou ao meu coração?

Semana 44
PANELAS E BOTIJAS CHEIAS

"Pois a farinha na vasilha não se acabou e o azeite na botija não se secou, conforme a palavra do SENHOR proferida por Elias."

1Reis 17:16

Já imaginou se sua família fosse apenas você e seu filho e, além disso, tivesse chegado o dia em que tudo o que lhe restasse fosse apenas um copo de arroz e um pouco de tempero para cozinhar? E mais: você não tem condições de comprar nenhum outro alimento. Além disso, você tem dívidas gigantescas deixadas por seu esposo, e os credores, vendo sua falta de recursos, querem levar seu filho como pagamento para escravizá-lo. Você está prestes a cozinhar sua última refeição quando uma pessoa bate na porta da sua casa e diz que foi enviado por Deus para fazer um milagre em sua vida, mas, antes, você tem de alimentá-lo para poder desfrutar da bênção de Deus. O que você faria?

Foi exatamente essa a situação pela qual a viúva citada em 1Reis 17 passou. E foi justamente nesse contexto desfavorável que o milagre aconteceu, porém condicionado ao ensino de um dos princípios universais do Reino de Deus: o de dar, repartir e servir o próximo.

O que às vezes não compreendemos é que para Deus não existe escassez ou necessidade que não possa ser suprida, mas, para vivermos tudo isso, precisamos estar em comunhão com Ele e, também, ter a generosidade como estilo de vida. Além disso, ela não pode ser seletiva, tem de ser incondicional, assim como o amor de Cristo.

Portanto, se lhe falta algo, experimente praticar a generosidade, pois agindo assim e agradando a Deus em primeiro lugar, você atrairá para si as mais ricas bênçãos de Deus, que serão sem medida!

Leitura bíblica

Mateus 26:6-13

✏️ **Motivos para agradecer:**
_____
_____
_____
_____
_____
_____
_____
_____

✏️ **Motivos de intercessão:**
_____
_____
_____
_____
_____
_____
_____
_____

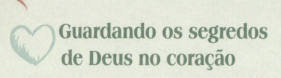
Guardando os segredos de Deus no coração

Por acaso alguma vez o medo impediu que você cresse no milagre da abundância de Deus e não permitiu que você ajudasse um necessitado?

_____
_____
_____
_____
_____

Você já passou por alguma situação de extrema privação e, por ser generosa, vivenciou um milagre de Deus? Como foi essa experiência?

_____
_____
_____
_____
_____

"Felizmente, o Deus que governa sobre todas as circunstâncias, que permite o não cada uma delas, é o mesmo cujo amor por nós é infinito, imutável e eterno."

LANA BATEMAN

Para Refletir

Com Deus o nosso pouco é muito; então, ainda que nos reste somente um pouco de farinha na panela e um pouco de azeite, se oferecermos isso ao Senhor, Ele será nosso constante supridor. Vença seus temores crendo nas promessas de Deus para cuidar de cada uma de suas necessidades.

Oração da Semana

Deus, eu quero ter mais confiança em ti, quero ser como aquela viúva que, mesmo tendo poucos recursos, não deixou de confiar em ti e oferecer tudo o que tinha, acreditando em sua providência e em seu cuidado. Quero ser testemunho vivo do teu agir poderoso e sobrenatural em minha vida, por isso ofereço a ti tudo o que tenho, ainda que aos meus olhos seja pouco, pois sei que esse pouco, em tuas mãos, trará abundância para minha vida. Em nome de Jesus, amém.

O quanto essa mensagem falou ao meu coração?

Segredos sobre Generosidade

Semana 45
REPARTINDO COM OS NECESSITADOS

"Vendendo suas propriedades e bens, distribuíam a cada um conforme a sua necessidade."
Atos 2:45

Como vemos no texto da epígrafe, a Igreja Primitiva nos mostra um quadro digno de admiração! Depois da descida do Espírito Santo no Dia de Pentecostes, nada mais pôde deter aquele povo que estava tão motivado com os últimos acontecimentos.

Aquelas pessoas não somente receberam o poder do Espírito Santo, mas também foram capacitadas a continuar realizando tudo o que Jesus havia colocado em seu coração quando estava entre eles. Essa experiência levou-os a sentir compaixão pelos necessitados e a dividir tudo o que tinham com os menos favorecidos, e, dessa maneira, ninguém ali sentia falta de nada. Aqueles que andavam com Jesus jamais eram despedidos sem que suas necessidades fossem supridas.

No capítulo 6 de João, vemos o relato de um evento milagroso, a primeira multiplicação dos pães. De acordo com o texto, Jesus estava sendo seguido por uma grande multidão que já conhecia os sinais milagrosos que ele havia feito. Aquelas pessoas precisavam ser alimentadas, mas não havia muitos recursos naquele lugar. Contudo, um jovem tinha cinco pães e dois peixes. Para nós isso pode parecer muito pouco, mas para Jesus era o suficiente para alimentar a multidão. Depois de dar graças, os alimentos foram multiplicados e saciaram uma multidão faminta. E mais: além de alimentar a todos, ainda sobraram doze cestos cheios.

Nessa passagem, Jesus cumpriu um propósito duplo: supriu a necessidade espiritual daquele povo, por meio da palavra, e também supriu a necessidade física, repartindo os pães e peixes frutos do milagre que havia operado. Assim, devemos sempre orar, pedindo a Deus que nos encha de uma paixão especial pelos perdidos e necessitados, e que possamos ter um coração generoso e que se alegre em repartir.

Leituras bíblicas

Atos 2:43-47; João 6:1-15

✏️ **Motivos para agradecer:**
_____
_____
_____
_____
_____
_____
_____
_____

✏️ **Motivos de intercessão:**
_____
_____
_____
_____
_____
_____
_____
_____

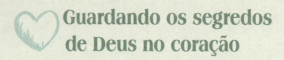
Guardando os segredos de Deus no coração

Você já sentiu o poder da generosidade em ação na sua vida? Esse poder já inundou seu coração fazendo-o praticar o amor e a misericórdia aos carentes?

_____
_____
_____
_____
_____

Será que sua igreja pode contar com você para esse grande desafio de praticar amor e misericórdia com os necessitados?

_____
_____
_____
_____
_____

"A vida cristã só faz sentido onde há partilha."
GILBERTO BEGIATO

Para Refletir

Nosso maior desafio como cristãos é dividir em um mundo que prioriza o egoísmo e o egocentrismo. Devemos dividir não para impressionar os que nos rodeiam, mas para agradar aquele que é dono da vida, pois, quando doamos, estamos demonstrando gratidão a Deus e também abençoamos nosso irmão, colocando em prática o princípio da compaixão.

Oração da Semana

Senhor, meu Deus e Pai, agradeço a ti por tudo o que tenho, pois tem me dado em abundância, e também pela oportunidade de manifestar seu amor por meio das minhas doações. Que eu jamais me vanglorie dos meus feitos, mas que todos possam ver refletido o seu amor nas minhas atitudes e que elas sempre glorifiquem o teu nome. Amém.

O quanto essa mensagem falou ao meu coração?
♡ ♡ ♡ ♡

Semana 46
SEU NOME É MARAVILHOSO

"Porque um menino nos nasceu, um filho nos foi dado, e o governo está sobre os seus ombros. E ele será chamado Maravilhoso Conselheiro, Deus Poderoso, Pai Eterno, Príncipe da Paz."
Isaías 9:6

Muitas pessoas só pensam no Natal como uma época em que se presenteia e recebe presentes. Muitas crianças esperam essa data para ganhar aquele brinquedo que tanto queriam. As lojas ficam hiperlotadas e somos bombardeados o tempo todo com promoções "imperdíveis". Infelizmente, o espírito do Natal propagado pelo comércio é o espírito de "compre, parcele, endivide-se, gaste tudo o que tem para satisfazer prazeres e desejos momentâneos".

O mais triste é saber que muitas pessoas desconhecem o verdadeiro espírito de Natal, a celebração do nascimento de Cristo. Só essa atitude basta para satisfazer qualquer desejo da alma humana, pois Deus, em um ato de profundo amor, um amor que jamais poderá ser compreendido pelo ser humano, entregou seu único filho, sobre o qual repousa a promessa de ser chamado Maravilhoso Conselheiro, Deus Forte, Pai Eterno e Príncipe da Paz, para ser entregue à morte pela humanidade.

Quando meditamos e entendemos o significado desses nomes, em especial Maravilhoso Conselheiro, podemos dizer que não há nada que alguém possa ganhar de presente, em qualquer época do ano, que seja comparável ao presente que Deus nos deu.

Por isso, em vez de corrermos o risco de depositar nossa esperança em presentes que podem nos frustrar, em coisas que causam admiração passageira, vamos focar no melhor, maior e eterno presente de Deus, seu filho Jesus, que nenhum valor desta terra jamais poderá comprar. E mais: além de ele não nos frustrar, ainda nos garante a vida eterna. Como não amar esse presente de Deus?

206   Segredos de Deus para você

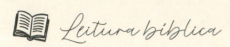 **Leitura bíblica**

Isaías 9:6

✏️ **Motivos para agradecer:**
___
___
___
___
___
___
___
___

✏️ **Motivos de intercessão:**
___
___
___
___
___
___
___
___

Guardando os segredos de Deus no coração

Entre as pessoas que você convive hoje, para quem você gostaria de dar o grande presente das boas-novas de Jesus?

✏️ _____
_____
_____
_____
_____

Qual mensagem você enviaria para as pessoas que ainda são motivadas pelo consumismo?

✏️ _____
_____
_____
_____
_____

"Nosso Senhor é Maravilhoso Conselheiro, Deus Poderoso, Pai Eterno, Príncipe da Paz. Ele tem todo poder e controle."

THELMA WELLS

Para Refletir

Hoje, vivemos a era do "você é o que você tem", e isso tem feito com que as pessoas não meçam esforços para satisfazer os desejos materiais. No entanto, além de não nos deixar influenciar por esse consumismo desenfreado, temos a responsabilidade de dar às pessoas o maior presente que alguém pode ganhar: a presença do Jesus remidor em sua vida.

Oração da Semana

Senhor, eu preciso que me dês sabedoria e graça para saber administrar bem meus recursos e não me tornar refém do consumismo. Jamais permitas que eu coloque qualquer desejo material acima do valor inigualável da tua presença. E que não apenas no Natal, mas também em todos os dias da minha vida, eu seja grato pelo maior presente de todos, a minha salvação, comprada pelo preço de sangue pelo seu filho Jesus. Amém.

O quanto essa mensagem falou ao meu coração?

Semana 47
EM DEUS SOMOS RICOS

"...Cuidado! Fiquem de sobreaviso contra todo tipo de ganância; a vida de um homem não consiste na quantidade dos seus bens"

Lucas 12:15

Precisamos assumir uma grande verdade sobre Deus: Ele se importa com as pessoas, e não com "coisas" materiais. Entendendo essa verdade, concluímos que discipular um irmão e dar suporte para que sua fé cresça são atitudes de grande valor para Deus. Mas aqui também cabe uma reflexão: será que agimos de maneira consistente com todo tipo de pessoa ou, talvez, sem perceber, nossas atitudes demonstrem certa discriminação?

Será que não estamos evitando proximidade com determinada pessoa só porque ela se veste mal? Será que não "saímos de fininho" ou fingimos não ver um irmão ou uma família só para não ter de dar carona a eles? Será?

O fato é que podemos até ser prósperos, mas, se temos tais atitudes, de nada vale tudo o que temos. Se permitimos que as conquistas e a prosperidade que o Senhor nos deu nos afastem dos pobres e necessitados, precisamos rever nossos conceitos. É claro que podemos ter um bom carro, morar numa boa casa, andarmos bem vestidos, pois nada disso é pecado, mas jamais podemos permitir que essas coisas nos afastem dos mais necessitados.

Em épocas como o Natal, muitos se mobilizam para ajudar com mantimentos e outras doações. Mas aqui precisamos pensar em duas coisas: primeiro, não é só de mantimentos que as pessoas precisam: há necessidade de atenção, de abraço, de um ombro amigo. Segundo: não é só no Natal que as pessoas precisam ser ajudadas. Devemos ter um coração voluntário para suprir as necessidades do próximo em todo o tempo, e não somente quando celebramos o nascimento de Cristo, pois só assim poderemos dizer que somos como Jesus e que seguimos o exemplo que ele nos deixou.

Leitura bíblica

Lucas 12:13-21

✏️ **Motivos para agradecer:**
_____
_____
_____
_____
_____
_____
_____
_____
_____

✏️ **Motivos de intercessão:**
_____
_____
_____
_____
_____
_____
_____
_____
_____

Guardando os segredos de Deus no coração

Como você interpreta 2Coríntios 8:9?

_____
_____
_____
_____
_____

Sua igreja realiza ações sociais constantes para suprir as necessidades dos pobres? Se não, como você poderia contribuir para que isso passasse a ser uma prática e como conscientizaria as pessoas da importância de ajudar o próximo?

_____
_____
_____
_____
_____

"Entender o verdadeiro significado do Natal é vivenciar o nascimento do Salvador todos os dias de nossas vidas."

LUIS ALVES

Segredos de Deus para você

Para Refletir

Em Lucas 4:4, Jesus diz que "Nem só de pão viverá o homem". Essa é uma verdade poderosa, pois nem sempre as pessoas precisam de alimento. Nesse sentido, temos a responsabilidade de suprir não somente a necessidade de pão, e mas também toda e qualquer necessidade que nossos irmãos tiverem.

Oração da Semana

Senhor, em primeiro lugar eu te agradeço por ter me abençoado. Em segundo lugar, quero ter o prazer de marcar a vida dos meus irmãos levando a eles a tua graça e suprindo todas as necessidades que estiverem ao meu alcance, seja ela material, seja emocional, seja espiritual. Que tudo aquilo que eu fizer pelo meu próximo não traga glória para mim, mas que exalte o teu nome e evidencie o teu cuidado e o teu amor para com todos os que te servem. Em nome de Jesus, amém!

O quanto essa mensagem falou ao meu coração?

Semana 48
TUA PRESENÇA É DESCANSO PARA MINHA ALMA

"...e vocês encontrarão descanso para as suas almas."
Mateus 11:29

Em algum momento da infância, você certamente teve a oportunidade de, por medo ou por alegria, correr para os braços de seu pai ou de sua mãe. Esse abraço é algo arrebatador, pois traz segurança e aconchego. Como esposa, você já chegou em casa depois de um dia cansativo e procurou os braços de seu esposo para ter um pouco de conforto? Ou, ao contrário, percebendo que seu esposo chegou em casa exausto, convidou-o para seus braços para lhe oferecer descanso? Além disso, quantas vezes você já buscou refúgio nos braços do Pai celestial? Todas essas experiências são maravilhosas.

No entanto, muitas vezes procuramos descanso em coisas e lugares que não aliviam nossa alma. Em alguns momentos, comprar coisas até chega a nos distrair, mas não pode nos satisfazer completamente. No final do ano, isso se torna ainda mais perigoso com a chegada do Natal e de toda a correria que o caracteriza; portanto, nessa época temos de redobrar nosso cuidado para não entrarmos no ritmo frenético e envolvente do consumismo exagerado e, assim, esquecer-nos do cuidado de Deus e do verdadeiro significado que essa data tem para nós, cristãos.

Eu entendo que são muitos os motivos que nos geram estresse, cansaço, fadiga e abatimento físico e mental. No entanto, devemos, nesses momentos, refletir sobre o verdadeiro significado do Natal e deixar aos pés de Jesus todas as cargas que por acaso tenhamos adquirido, sempre tendo a certeza de que a presença de Deus nos leva a "águas tranquilas, de descanso" (Salmo 23). Nenhum estresse pode ser superior à paz do nosso Senhor, que excede todo o entendimento e traz refrigério para nossa alma.

Segredos de Deus para você

Leitura bíblica

Mateus 11:25-30

✏️ **Motivos para agradecer:**
_____
_____
_____
_____
_____
_____
_____
_____

✏️ **Motivos de intercessão:**
_____
_____
_____
_____
_____
_____
_____
_____

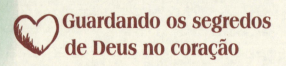 Guardando os segredos de Deus no coração

Como podemos trazer descanso para nossa alma nos momentos de grande estresse e pressão?

✏️ _____
_____
_____
_____
_____

O esgotamento físico e a consequente depressão têm se tornado cada vez mais comuns nos dias de hoje. Como cristãos, quais atitudes devemos ter para não sermos consumidos pela pressão e pelos constantes ataques deste mundo?

✏️ _____
_____
_____
_____
_____

> "Deus oferece um amor genuíno. Sua devoção é o presente verdadeiro. Mas Ele não lhe dará o que é genuíno até que você renuncie às imitações."
> **MAX LUCADO**

Para Refletir

Como cristãos, sabemos que não estamos livres da depressão ou de outros problemas emocionais, mas, quando olhamos para a Palavra de Deus, encontramos ali ferramentas para lutar contra esses e outros males e aprendemos a ter descanso e refrigério real e poderoso em nosso Senhor Jesus Cristo.

Oração da Semana

Senhor, sei que não estou livre de ter momentos de angústia e tristeza. E sei também que, em alguns momentos de fraqueza, acabo me deixando levar pelo ritmo frenético deste mundo, que vem para nos sufocar. Por isso, eu peço que, nesses momentos, tu venhas em meu socorro e me leves a descansar em teus braços, trazendo refrigério e alívio para minha alma. Que eu aprenda a lançar sobre ti toda a minha ansiedade. Amém!

O quanto essa mensagem falou ao meu coração?

Semana 49
ELE É O REI

> *"Ao entrarem na casa, viram o menino com Maria, sua mãe, e, prostrando-se, o adoraram. Então abriram os seus tesouros e lhe deram presentes: OURO"*
> **Mateus 2:11**

Se você olhar para a vida de Jesus de uma perspectiva simplesmente humana, jamais pensaria que aquele menino de Belém um dia seria alguém, quanto mais um grande Rei. Ninguém olharia para um menino rejeitado que só encontrou lugar para nascer na estrebaria e desenharia um futuro promissor. No entanto, aquela criança, mesmo nascendo num lugar tão simples como uma manjedoura, numa família pobre, não perdeu sua realeza. Em outras palavras, o lugar humilde não mudou aquilo que ele era, sua essência: era Rei, era Deus.

Todavia, a humanidade sem Deus criou os seus próprios valores, e estes passaram a dominar o mundo material e sufocar os apelos de justiça; isso se tornou um perigo, pois, quando o nosso coração se inclina somente para os bens materiais e as riquezas deste mundo, nos esquecemos de Deus. Quando deixamos que o sistema corrompido deste século domine nosso ser e passamos a dar vazão às paixões do mundo e a amar o dinheiro e o que ele pode comprar, colocamos nossa integridade em perigo e tornamos nossa vida espiritual infrutífera e sem sabor.

Que este mundo, ao olhar para nós, possa ver refletido o maior tesouro que a humanidade já presenciou e conheceu: Jesus. E que possamos guardar nossa fé e nossa dignidade sem perder as características da realeza, lembrando que o Rei dos Reis habita em nós!

Segredos de Deus para você

 Leitura bíblica

Mateus 2:1-12

✏️ **Motivos para agradecer:**
_____
_____
_____
_____
_____
_____
_____
_____

✏️ **Motivos de intercessão:**
_____
_____
_____
_____
_____
_____
_____
_____

Segredos sobre o Natal

Segredos sobre o Natal

Guardando os segredos de Deus no coração

O que significa "não ajuntar tesouro na terra"?

_____
_____
_____
_____
_____
_____

Quais são os meios que podemos empregar para resistir às paixões do mundo?

_____
_____
_____
_____
_____
_____

"A coisa mais maravilhosa que Deus nos concede é Ele mesmo. Ele diz: 'Eu estarei sempre com vocês, até o fim dos tempos'."
LUCI SWINDOLL

 ## Para Refletir

O mundo criou seus próprios valores, muitas vezes distorcidos, que se pautam principalmente no dinheiro e no que este pode comprar. Mas nosso maior tesouro não está neste mundo, e sim no céu, à destra de Deus e intercedendo por nós. E mesmo sendo apenas vasos de barro, abrigamos em nós o maior e mais valioso tesouro: a presença do Rei dos Reis!

 ## Oração da Semana

Senhor Deus, Rei e soberano, agradeço pelo imenso privilégio de poder servir a ti e engrandecer o teu nome. Peço a ti que me enchas da tua glória de modo que meu coração jamais se corrompa com os prazeres deste mundo. Que meu coração jamais seja motivado pelo ouro e pela prata deste mundo, mas que eu possa permanecer firme em minha caminhada para poder andar pelas ruas de ouro e desfrutar do maior tesouro de todos, tua presença, por toda a eternidade. Amém.

O quanto essa mensagem falou ao meu coração?

Semana 50
VIEMOS PARA ADORÁ-LO

"Vimos a sua estrela no oriente e viemos adorá-lo."
Mateus 2:2

Jó, no final de seu livro, pronuncia uma frase que mexe profundamente com nosso coração: "Meus ouvidos já tinham ouvido a teu respeito, mas agora os meus olhos te viram" (Jó 42:5). Ouvir falar de Deus não é suficiente, assim como ouvir falar ou conhecer "de longe" que Jesus é o filho de Deus encarnado, que morreu por nós na cruz, não é suficiente. O que eu quero dizer é que não devemos nos conformar com ouvir falar de Jesus: temos de ir ao encontro dele, conhecê-lo de perto, aproximarmo-nos dele e ter o desejo ardente de adorá-lo e de seguir seus passos. Devemos ansiar todos os dias servi-lo para desfrutar de uma vida eterna com Ele.

Tomando o exemplo dos reis magos, eles não se contentaram em conferir o momento exato do nascimento de Jesus; para eles, apenas contemplar a luz da estrela não bastava: o desejo maior desses três homens era ir até o menino para contemplar a luz de Deus encarnada e adorar o futuro Rei de Israel, como escreveu o profeta: "pois de ti virá o líder que, como pastor, conduzirá Israel, o meu povo". Em outras palavras, nossa fé não pode se apoiar naquilo que ouvimos de outros cristãos (suas experiências); precisamos conhecer Jesus face a face e experimentar sua presença em nosso interior.

Portanto, meu conselho é que você clame ao Senhor Jesus com sinceridade de coração e busque-o de todo o coração, para que ele venha se manifeste a você. E, se hoje você se sente afastado da presença de Deus, renove sua comunhão buscando-o com orações e cânticos, pois foi para isso "que ele se fez carne e habitou entre nós"!

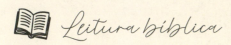 **Leitura bíblica**

Mateus 2:1-12

✏️ **Motivos para agradecer:**
_____
_____
_____
_____
_____
_____
_____
_____

✏️ **Motivos de intercessão:**
_____
_____
_____
_____
_____
_____
_____
_____

Segredos sobre o Natal

Guardando os segredos de Deus no coração

Você acredita que tem buscado a Deus o suficiente para dizer que a luz dele tem resplandecido em você? Se não, o que pensa ser necessário fazer para se aproximar mais do Rei dos Reis?

_____
_____
_____
_____
_____

Quando os reis magos foram ver Jesus, levaram presentes como oferta. E você, qual tem sido a sua oferta para o Rei dos Reis?

_____
_____
_____
_____
_____

"Vocês me procurarão e me acharão quando me procurarem de todo o coração."
JEREMIAS 29:13

 Para Refletir

Não são poucas as pessoas que conhecem Deus apenas pelas experiências de outras pessoas. Mas todo aquele que tem experiência é porque buscou, e todo aquele que busca, encontra. Ouvir testemunhos com certeza é muito bom e edifica a nossa fé, mas ser um testemunho é ainda muito melhor.

 Oração da Semana

Senhor, não quero conhecer-te apenas de ouvir falar, mas quero ter uma comunhão íntima contigo. Assim como os reis que foram ver o menino Jesus nascido com ofertas, quero eu oferecer-te o que tenho de mais precioso, que é o meu coração, e quero oferecê-lo por inteiro para contemplar a tua luz resplandecendo em minha vida. Em nome de Jesus, amém!

O quanto essa mensagem falou ao meu coração?

Semana 51
A LUZ RAIOU

"O povo que vivia nas trevas viu uma grande luz; sobre os que viviam na terra da sombra da morte raiou uma luz"

Mateus 4:16

Quando falta luz em nossa casa, ainda que você conheça o lugar, é bem difícil andar ou fazer qualquer coisa porque estamos em uma completa escuridão. Pensando no âmbito espiritual, quando não conhecíamos a Jesus, nossa situação espiritual era muito semelhante a essa, ou seja, estávamos em trevas e sentados na região da sombra da morte. Mas quando a luz do evangelho de Cristo raiou em nossa vida, dissipou toda a escuridão em que estávamos e "um mundo novo se abriu para nós".

Em nossa caminhada, algumas vezes passamos por momentos escuros, pelo "vale da sombra da morte"; por exemplo, quando enfrentamos problemas que nos fazem sentir impotentes, como um filho doente, problemas familiares, financeiros, com o cônjuge. Quando as situações fogem do nosso controle, elas nos deixam em desespero, angústia, e entristecem a nossa alma, parecendo até que ela está sendo esmagada por dentro.

A pergunta é: por que passamos por isso se já temos a verdadeira luz para nos guiar? A resposta é simples: passamos por isso para que possamos reconhecer nossas limitações, mas principalmente para nos lembrar de que "Deus age em todas as coisas para o bem daqueles que o amam" (Romanos 8:28); e mais: ainda que a justiça da terra falhe, sabemos que "Ele (Deus) faz raiar o seu sol sobre maus e bons e derrama chuva sobre justos e injustos" (Mateus 5:45).

A verdade é que Deus tem tudo sob controle e devemos crer nisso! Todos passamos e passaremos por momentos difíceis, mas o Espírito Santo que habita em nós certamente nos ajudará a prosseguir.

Segredos de Deus para você

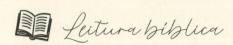 **Leitura bíblica**

Mateus 4:14-17

✏️ **Motivos para agradecer:**
___
___
___
___
___
___
___
___

✏️ **Motivos de intercessão:**
___
___
___
___
___
___
___
___

Segredos sobre o Natal

♥ Guardando os segredos de Deus no coração

Você certamente já passou por um "vale da sombra da morte". Como foi essa experiência e como foi o agir de Deus na situação?

✎ _____
_____
_____
_____
_____
_____

Cite um exemplo bíblico de alguém que esteve no "vale da sombra da morte", mas que, com oração, trouxe a luz do Senhor para sua vida.

✎ _____
_____
_____
_____
_____
_____

> "Quanto mais deixamos que Deus assuma o controle sobre nós, mais autênticos nos tornamos - pois foi Ele quem nos fez."
>
> **C. S. LEWIS**

Segredos de Deus para você

 Para Refletir

Em sua caminhada, o cristão passa por diversas situações de "escuridão". Mas isso não significa que a verdadeira luz não esteja com ele. Pelo contrário, as situações de escuridão nada mais são do que uma maneira de Deus nos dar experiências que aumentam nossa fé, pois não há escuridão que resista à verdadeira Luz que é Jesus Cristo.

Oração da Semana

Senhor, a tua palavra é luz para meu caminho. Por isso eu peço que coloque em meu coração cada dia mais o desejo de meditar em sua palavra, pois é ela quem ilumina meu caminho e quem me aproxima de ti. E que o senhor me use para levar essa luz, tua palavra, para todos os corações inundados pelas trevas das dificuldades, do pecado e da falta de Deus. Em nome de Jesus, amém!

O quanto essa mensagem falou ao meu coração?

Semana 52
OS MEUS OLHOS JÁ VIRAM A TUA SALVAÇÃO

> *"Ó Soberano, como prometeste, agora podes despedir em paz o teu servo. Pois os meus olhos já viram a tua salvação."*
> **Isaías 55:2**

Simeão era um daqueles homens que temiam a Deus e esperavam pela consolação de Israel (o Messias). Deus havia prometido a ele que veria Jesus antes de falecer. A promessa de Deus estava prestes a se cumprir, e Simeão sabia disso. Quando viu o menino no templo, tomou-o nos braços e louvou a Deus.

Já imaginou que privilégio Simeão teve de "segurar em seus braços o Filho de Deus"? Ele, de tão grato, não precisava de mais nada, pois Jesus encarnado era tudo o que ele esperava, uma vez que seu sonho era conhecer o futuro Rei de Israel; aquele menino era tão precioso que todas as outras coisas perderam o valor. Agora, Simeão podia descansar em paz, pois "seus olhos viram a Salvação vinda de Deus".

Hoje em dia, não temos mais a oportunidade de, assim como ele, segurar o menino Jesus, o Rei, o Filho de Deus, em nossos braços. No entanto, podemos tê-lo em nosso interior. Quando nos decidimos por Jesus, o que fizemos foi dizer: "Senhor, eu entrego minha vida a ti; a partir de agora, meu coração é tua morada!". Nosso coração é morada de Deus. Você já parou para pensar o quanto isso é valioso? Já parou hoje para agradecer a Deus pela salvação de sua vida? Se ainda não o fez, não perca tempo. Derrame-se agora na presença do Senhor e experimente a maravilhosa presença e infinita bondade de Deus, "o verbo que se fez carne e habitou entre os homens".

Leitura bíblica

Lucas 2:29-38

✏️ **Motivos para agradecer:**
_____
_____
_____
_____
_____
_____
_____
_____

✏️ **Motivos de intercessão:**
_____
_____
_____
_____
_____
_____
_____
_____

Segredos sobre o Natal

Guardando os segredos de Deus no coração

Você tem valorizado o grande presente de Deus para sua vida: a salvação?

_____
_____
_____
_____
_____
_____

Por que, em sua opinião, para Simeão foi tão importante poder pegar o menino Jesus em seu colo?

_____
_____
_____
_____
_____
_____

"Deus se tornou um de nós para que pudéssemos nos tornar um com Ele."
MAX LUCADO

 ## Para Refletir

No passado, muitas pessoas tiveram a oportunidade de conviver com Jesus, de vê-lo pessoalmente. Mas hoje, embora não o tenhamos em corpo presente, não podemos dizer que não somos privilegiados, porque ainda podemos senti-lo intensamente em nosso coração. Em outras palavras, ainda hoje Jesus está presente, fala conosco e opera milagres. O que mais poderíamos desejar?

Oração da Semana

Deus, meu Senhor, neste momento eu oro agradecendo tua presença em minha vida e também pela minha salvação. Não posso segurar-te em meus braços, mas, quando me ajoelho, sinto tua presença poderosa em minha vida. Ainda que oferecesse tudo o que tenho, nunca seria suficiente para agradecer-te por esse imenso e maravilhoso presente. Por isso, entrego tudo o que sou e digo de todo coração é: "Faz morada em mim!"

O quanto essa mensagem falou ao meu coração?

Semana 53
O RESPLENDOR DE SUA GLÓRIA

"...um anjo do Senhor apareceu-lhes e a glória do Senhor resplandeceu ao redor deles; e ficaram aterrorizados."

Lucas 2:9

A chegada de Jesus a este mundo (seu nascimento) e sua saída (crucificação e ressurreição) são momentos marcados pela presença de milícias de anjos (Lucas 2:13).

Um anjo apareceu a pastores e a "glória do Senhor os cercou de resplendor", anunciando o nascimento do Salvador, e ainda lhes indicou onde encontrar o menino (Deus queria apresentar seu filho), em que situação estaria (manjedoura) e com que estaria vestido (em faixas); logo um coro celestial foi entoado por uma multidão de anjos dizendo: "Glória a Deus nas alturas!".

A bondade e o amor de Deus foram manifestados aos homens, pois o próprio Filho de Deus estava encarnado, gerando esperança para todos, tanto os que estavam ali quanto os que morreram esperando o Salvador, e também para todos quantos viriam a crer nele.

Esse acontecimento é sobremodo significativo porque tornou real a esperança de o homem retornar à comunhão com Pai, a qual foi perdida quando Adão e Eva pecaram lá no Éden.

Esse amor é tão maravilhoso que extrapola as barreiras do nosso entendimento. Mas melhor do que tentar entender esse amor é senti-lo, e, ao senti-lo, nosso coração se move para declarar, juntamente com os anjos, "Glória a Deus nas alturas, e paz na terra entre os homens de boa vontade". Louvemos ao Senhor, que é merecedor da nossa adoração, para que possamos sentir e desfrutar de todo o resplendor de sua glória, pois ele morreu, mas ao terceiro dia ressuscitou para continuar propagando por toda a humanidade o esplendor de sua glória, a glória do Rei dos reis e Senhor dos senhores.

 Leitura bíblica

Lucas 2:9-14

✏️ **Motivos para agradecer:**

_____
_____
_____
_____
_____
_____
_____
_____

✏️ **Motivos de intercessão:**

_____
_____
_____
_____
_____
_____
_____
_____

💚 Guardando os segredos de Deus no coração

O que o nascimento de Jesus significa para você?

✏️ _____
_____
_____
_____
_____
_____

Mesmo que hoje não possamos presentear Jesus com coisas materiais, temos a oportunidade de alegrar seu coração com ofertas pessoais. Cite algumas das coisas que podemos ofertar ao Senhor para alegrar seu coração.

✏️ _____
_____
_____
_____
_____
_____

> "Por tudo ter começado em Belém, eu tenho um Salvador no céu. O Natal inicia o que a Páscoa celebra. A criança no berço se tornou o Rei na cruz."
>
> **MAX LUCADO**

 Para Refletir

O nascimento de Jesus realmente é algo marcante para a humanidade. É tão diferente que, até mesmo aqueles que tiveram a oportunidade de olhar para a doce criança não enxergaram apenas um bebê, mas puderam contemplar o Rei dos Reis, pois a glória que invadia o lugar era tremenda. E hoje não é diferente para aqueles que aceitam a Cristo, pois esse "nascimento" dele em nosso coração traz juntamente consigo o resplendor da glória de Deus.

Oração da Semana

Pai, sou grato a ti por tere vindo a este mundo para salvar a humanidade, mas também sou grato a ti porque me permitiste encontrar-te e aceitar-te como Salvador da minha vida, trazendo nova vida para meu ser e fazendo resplandecer tua glória sobre mim. Por isso, Senhor, hoje quero apenas te agradecer, pois me deste o maior presente que poderia receber: a salvação.

O quanto essa mensagem falou ao meu coração?

♡ ♡ ♡ ♡ ♡

Anotações

Anotações